Mensch & Höhle

Der Autor:

Peter Hofmann (*1959)
wohnhaft in Oberaudorf im bayerischen Inntal beschäftigt sich seit seiner Jugend mit Fotografie und Höhlenkunde.

Zusammen mit seiner Frau Gabriele (*1960), neuerdings auch mit Tochter Julia (*2000), ist er nicht nur in deutschen Höhlen aktiv, sondern bereiste insbesondere den Mittelmeerraum, den Nahen Osten und viele Länder Osteuropas, worüber er regelmäßig in Fachvorträgen berichtet.

Sein Hauptinteresse gilt anthropospeläologischen Themen, also dem Bezug von Mensch und Höhle im weitesten Sinne. Er ist Mitglied im Verein für Höhlenkunde München e.V. und betreibt selbst das „Netzwerk Mensch & Höhle".

Als Autor veröffentlichte er zahlreiche Fachartikel in höhlenkundlichen Zeitschriften, wirkte als Schriftleiter und Autor an wissenschaftlichen Veröffentlichungen mit und brachte im BOD-Verlag bislang drei eigene Gebietsführer (Inntal, Istrien, Malta) heraus.

www.tropfstein.de

Peter Hofmann

UNTERIRDISCHES MALTA

Ein Exkursionsführer zu den
Höhlen und unterirdischen Objekten
der Inselgruppe

Bibliografische Information Der Deutschen Bibliothek:
Die Deutsche Bibliothek verzeichnet diese Publikation in der deutschen Natio-
nalbibliografie; detaillierte bibliografische Daten sind im Internet über
<http://dnb.ddb.de> abrufbar.

Teile des Bandes, aktuelle Nachträge und eine ergänzende Linkliste neben vielen
weiteren Informationen zur Höhlenforschung sowie andere Literatur des Autors:
www.tropfstein.de

© Februar 2009 Peter Hofmann, Oberaudorf; Email: peterhofmann@t-online.de

Herstellung und Verlag: Books on Demand GmbH, Norderstedt

Titelgestaltung: Hans Lehmann und Markus Scholz

Fotos Umschlagvorderseite:
Bild oben: Haus in Höhlenportal bei Quasam Barrani
Bild unten: Höhlenwohnung Ghar il-Kibir

Fotos Umschlagrückseite:
Bild links: Blick aus der Ghar Lapsi
Bild Mitte: Treppe zur Schauhöhle Ghar Xerri auf Gozo
Bild rechts: Eingangsbereich der Ghar Hasan

Alle Fotos von Peter Hofmann, falls nicht anders vermerkt.

ISBN 978-3-8370-7576-2

- Inhalt -

Weg		Seite
	Einleitung **Malta und seine Nebeninseln** *Eine Landschaft wird entdeckt*	9
I	**Museen, Bunker, Kirchen** *Rund um die Hauptstadt Valletta*	19
II	**Das Hypogäum** *Unterirdischer Tempel von Weltrang*	21
III	**Die Schauhöhle Ghar Dalam** *Überraschende Funde*	28
IV	**Ghar Hasan** *Ein Besuch mit Schwierigkeiten*	36
V	**Von der Blauen Grotte bis Ghar Lapsi** *Ein Ausflug zu Maltas Meereshöhlen*	39
VI	**Ghar il-Kibir** *In den Höhlenwohnungen*	44
VII	**Unterwegs im Südosten** *Höhlenkirchen mit Geheimnissen*	50
VIII	**In Rabat** *Stadt der Katakomben*	53
IX	**Rund um Rabat** *Höhlen, Gräber, Kirchen*	60
X	**Victoria-Lines und Mgarr** *Die vergessene Festung*	63
XI	**Mellieha** *Stadt der Höhlenkirchen*	66

XII	**Quasam Barrani** *Im Tal der Höhlen*	70
XIII	**Die Insel Comino** *Höhlen auf kleinstem Raum*	73
XIV	**Die Insel Gozo** *Ein grandioser Auftakt*	74
XV	**Ghar Ninu und Ghar Xerri** *Überraschungen unter Häusern*	77
XVI	**Höhle der Calypso** *Zu Besuch bei der Nymphe*	80
XVII	**Ghar Abdul und Ghar Ilma** *Die bronzezeitlichen Wohnhöhlen Gozos*	83
XVIII	**Das Azure-Window** *Naturwunder in der Dwejra-Bucht*	85
XIX	**Höhlen und mehr ...** *Das Finale im Süden Gozos*	87

Anhang
Links – Adressen – Kartenmaterial – Literatur   90

... und ein letzter Hinweis ...   96

Ein Wort voraus...

Dieser höhlenkundliche Reisebericht, der dritte unserer keinen Buchreihe, entstand fast „zufällig".

Vor langer Zeit schon bereisten wir einmal die Insel Malta, damals schon erstaunt über die Vielfalt der höhlenkundlichen Besonderheiten.

Als meine Frau und ich, diesmal in Begleitung unserer kleinen Tochter Julia, 2008 noch einmal zurückkehrten, waren wir vorbereitet – und da wir etwas Zeit mitgebracht hatten, gelang es uns, erstaunlich viel zu entdecken.

Eigentlich so viel, dass es schade wäre, dies dem Interessierten vorzuenthalten.

In den Höhlen Maltas gibt es nichts Neues mehr zu entdecken, im geschichtlichen Wissen über sie aber durchaus. Kein deutschsprachiger Führer fasst bislang die Erkenntnisse darüber zusammen. Und auch die Malteser machen bislang kaum etwas ais ihren Schätzen, die durchaus vorhanden sind. Denn gibt es überhaupt eine Region mit mehr als Wohnungen genutzte Höhlen, mit mehr Höhlenkirchen, mit mehr prähistorischen Spuren in Höhlen auf kleinstem Raume?

Tony Oldham unternahm bislang als einziger den Versuch einer Gesamtschau, und so wurde sein selbst verlegtes Büchlein und die Korrespondenz mit ihm darüber zur wichtigsten Quelle. Ich danke ihm herzlich dafür, ebenso allen Kollegen, die mich unterstützt haben, insbesondere Ingrid und Dr. Heinrich Kusch aus Graz.

Ich wünsche den Benutzern unseres Führers viele überraschende Einsichten bei der Entdeckung eines unbekannten Zipfels Europas...

Im Januar 2009

Peter Hofmann

Eine Bitte ...

Dieser Führer richtet sich an die Freunde der Natur, insbesondere der Höhlen und des Karstes.

Dabei geht der Autor von der Selbstverantwortlichkeit der Leser aus. Bitte beachten Sie, dass verschiedene Wege einfach sind und von jedermann zu bewältigen – andere eine gewisse Erfahrung voraussetzen. ohne dass darauf immer explizit hingewiesen wird.

Bei den vorgestellten Wegen handelt es sich um altbekannte Routen und Höhlen. Sie werden dort nicht der Erste sein, im Gegenteil: Allzu oft werden Sie leider gerade im Malta unliebsame Spuren Ihrer Vorgänger vorfinden. Fassen wir diese als Ermahnung auf und benehmen wir uns besser!

Beherzigen wir deshalb die Grundregeln der Höhlenforscher:

Nimm nichts mit – außer Erinnerungen!
Schlag nichts tot – außer der Zeit!
Lass nichts zurück – außer Fußstapfen!

Einleitung
Malta und seine Nebeninseln
– Eine Landschaft wird entdeckt –

Malta liegt ca. 100 km südlich Sizilien und nur noch 300 km nördlich der Küste Libyens. Die Republik Malta, Mitglied der EU seit 2002 und seit 1.1.2008 dem Euroraum angeschlossen, besteht aus 3 Inseln: der Hauptinsel Malta dem kleineren Gozo und dem noch kleineren, dazwischen liegenden Comino. Zwei winzige Eilande, Cominotto und Filfla sind unbewohnt.

Die Gesamtfläche beträgt nur 316 qkm, die Hauptinsel Malta ist nur 27 km klang und 14 km breit, sie bringt es auf eine Fläche von gerade einmal 246 qkm! Die Bevölkerung beträgt knapp 400.000.

Ein Besuch Maltas ist ein interessantes Erlebnis, mancher ist durch die Kargheit und starke Zersiedelung der Insel im ersten Moment abgeschreckt, auf den zweiten Blick gibt es durchaus bedeutende Sehenswürdigkeiten.

Tunlichst sollte man diesen Besuch übrigens ins Frühjahr legen – wer nicht nur verbrannte Erde besuchen möchte, sondern einen blühenden Garten, wer die Sehenswürdigkeiten der Inseln und nicht nur die Pools erkunden möchte, fährt damit besser, doch dazu später mehr.

Ein wenig Geologie

Auch wenn die relative Nähe zum Ätna einen vulkanischen Ursprung vermuten lassen könnte: Malta gehört geographisch zum europäischen Festlandsockel. Die Inseln bestehen überwiegend aus sedimentären Kalkstein-Schichten. Unter der obersten, harten Schicht liegt der leicht abbaubare Globigerinenkalk, welcher als wichtigster Baustoff auf den Inseln den Häusern ihre typische gelbe Farbe verleiht.

Im Mittelmeerraum herrschte keine Eiszeit, aber die Eiszeiten in Europa hatten auch dort Auswirkungen. Es gab eine Art Regenzeit, die mit gewaltigen Fluten unter anderem Tiere vernichtete und die meiste Täler auf Malta, wie man sie heute vorfindet, ausgewaschen hat.

Malta war während der Eiszeit mit dem Festland verbunden und wurde erst 11.000 v. Chr. am Ende der letzten Vereisungsperiode durch den ansteigenden Meeresspiegel von Sizilien getrennt. Gegenüber heute war einst der Meeresspiegel bis zu 100 m abgesunken. Das Meer zwischen Sizilien und Malta ist heute an den meisten Stellen maximal 100 m tief, nur ein kurzes Stück 100 bis 200 m.

Ein wenig (prähistorische) Geschichte

Etwa 6.200 v. Chr. erfolgte die Erstbesiedlung des Archipels. Die jungsteinzeitliche Bevölkerung machte in der Folgezeit mehrere Umbrüche mit, die als „Phasen" bezeichnet werden.

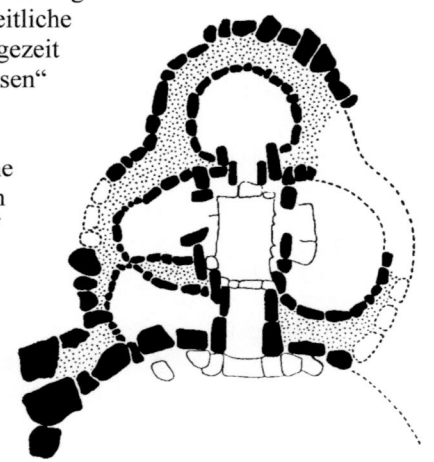

Die Megalith-Tempel Maltas, eine Gruppe von besser erhaltenen (von ursprünglich über 23!) Anlagen auf Malta und Gozo sind Zeugen der Kultur Maltas während der Jungsteinzeit. Diese Zeit brachte hoch qualitative Plastiken hervor, wie die „Schlafende Dame", von der noch die Rede sein wird.

Die Monumentaltempel Maltas sind von herausragender Bedeutung, die ältesten Großbauten der Welt, älter als die Pyramiden Ägyptens!

Tempel in Mgarr - Grundriss

Die Ghar Dalam-Phase (6200-4500 v. Chr.) beginnt mit den ersten nachweisbaren Spuren der menschlichen Besiedlung. Sie ist nach einer Höhle im Südosten der Insel benannt (Weg 3). Dort wurden neben Spuren der menschlichen Besiedlung auch Tausende Tierknochen gefunden, unter anderen von Zwergelefanten und Flusspferden. Aus dieser frühen Zeit gibt es generell nur Höhlenfunde.

Die Skorba-Phase (4500-4100 v. Chr.) ist nach einem Fundort in der kleinen Stadt Zebbieh benannt. Dort wurden Überresten eines Megalithtempels gefunden, bestehend aus einem Eingangsbereich mit Stelen der über einem Gang zum Tempel führt. Danach begannen die Menschen unterirdische Grabkammern anzulegen um ihre Toten zu bestatten.

Die Zebbug-Phase (4100-3800 v. Chr.) ist nach dem Ort Zebbug benannt, bei dem primitive Grabkammern gefunden wurden, aber auch erste einzellige Tempel. Weitere Gräber wurden in Höhlen bei der Küstenstadt Xemxija gefunden. Diese Gräber waren deutlich weiterentwickelt. Einige hatten nierenförmige Ausbuchtungen, die unregelmäßig den Gegebenheiten der Höhle folgten. Mit ihr beginnt die eigentliche 1300-jährige Megalithphase auf Malta.

Nach der Mgarr-Phase (3800-3600 v. Chr.) folgt die Saflieni-Phase (3600-3000 v. Chr.), nach dem unterirdischen Kultraum Hypogäum von Ħal-Saflieni benannt, das in dieser Epoche begonnen wurde (Weg 2).

In der folgenden Tarxien-Phase (3000-2500 v. Chr.) entwickelten sich vier- und sechsapsige Baumuster der Tempel. In dieser wurde der Zentraltempel von Tarxien errichtet, die Anlage von Ggantija vollendet, die Tempel von Hagar Qim und Mnajdra fertig gestellt und das Hypogäum durch die unteren Stockwerke erweitert.

Auch in Maltas großartiger prähistorischer Tempelarchitektur lässt sich „Höhle" entdecken: Eingang und Details des Tempels von Hagar Qim

Dann geschieht etwas höchst Erstaunliches: Der Tempelbau bricht abrupt ab, ohne Anzeichen einer Naturkatastrophe oder ähnliches. Mögliche Erklärungsansätze sind Seuchen, die die Gesellschaft vernichtet haben, oder die Überbeanspruchung des Landes. Es gibt Hinweise auf eine Verkarstung verbunden mit gesteigerter religiöser Bautätigkeit und die Isolierung von anderen Gesellschaften außerhalb Maltas. Nach diesem Zusammenbruch um 2500 v. Chr. gibt es für 500 Jahre keine Besiedelungsspuren! Die restlichen Einwohner verließen offenbar die Insel.

Gegen 2000 v. Chr. erfolgte die Neubesiedelung. Sie leitete die Bronzezeit auf Malta ein, die bis etwa 1000 v. Chr. andauerte. Aus dieser Zeit stammen die bis heute ungeklärten Schleifspuren, die besonders bei Clapham Junction auf der felsigen Südküste zu finden sind. Fliehburgen wurden gebaut (Borg in-Nadur) und auch Dolmengräber angelegt.

Die folgende Geschichte Maltas ist interessant und sehr bewegt, sie soll an dieser Stelle nur deshalb extrem kurz gehalten werden, weil das Thema des Buches eben die Höhlen sind ...

Über die Eisenzeit (ab 1000 v. Chr.) weiß man nicht allzu viel, Funde sind eher rar.

Den Phöniziern (ab ca. 800 v. Chr. verdankt Malta vermutlich den Namen, das phönizische Wort *Malat* steht für „Hafen" bzw. „Zuflucht".

Für drei Jahrhunderte kamen die Punier und der Einfluss Karthagos (ab ca. 550 v. Chr.) bis die Römer übernahmen, ab 218 v. Chr. Zahlreiche Höhlengräber aus dieser Zeit werden uns auf der Insel begegnen. Die Römer prägen die Insel bis heute, der Schiffbruch des Apostel Paulus etwa beschert uns eine großartige Höhlenkirche und einen Namen, der heute noch wie kaum ein anderer auf der Insel präsent ist.

Die Araber (ab 870) hinterließen – wie so oft – prägende Eindrücke in der Architektur.

Mit den Normannen begann 1090 wieder die Herrschaft des Kreuzes, anfangs in friedlicher Toleranz. Die christliche Tradition riss seither nicht mehr ab und ist heute sehr prägend. Glaubt man den Reiseführern, soll es ja genau 365 Kirchen geben auf Malta! Die Erbauer nutzten oft natürliche Gegebenheiten – und so entstand die hohe Dichte an Höhlenkirchen.

Dann wurde in höchst wechselvoller Geschichte die Insel unter den europäischen Königshäusern herumgeschoben – keine glückliche Zeit, bis zum prägenden 23.

März 1530, als Kaiser Karl V. Malta dem Johanniterorden als Lehen gab. Bereits 1565 bewährte sich das Bollwerk gegen die Osmanen in der „großen Belagerung", in der vermutlich ein wichtiger Beitrag geleistet wurde, Europa vor der Islamisierung zu bewahren. Die folgende Bautätigkeit verlieh der ganzen Insel, besonders natürlich Valletta, ihre heutige Prägung einer schier uneinnehmbaren Festung.

Die Ritter kapitulierten dennoch kampflos vor Napoleon 1798, wieder einmal wurde das Land ausgeplündert.

Bemerkenswert ist die Phase als Kolonie Englands, 1814 bis 1964, sie ist verantwortlich dafür, dass Malta heute im täglichen Leben (und leider auch der Esskultur) teils recht englisch geprägt erscheint …

Als Ironie der Geschichte darf man es ansehen, dass der winzige, eigentlich unbedeutende Vorposten Europas im Zweiten Weltkrieg noch einmal ganz besonders zu leiden hatte. Die unglaubliche Zahl von 6.000 t Bomben soll abgeworfen worden sein. Die zahlreich entstandenen Bunker bilden heute bisweilen Touristenziele – als unterirdische Objekte spezieller Art sollen sie hier auch nicht unerwähnt bleiben.

Im September 1964 erlangte Malta seine Unabhängigkeit, wie schon erwähnt, ist es als selbständiger Staat heute Mitglied der EU und hat den Euro eingeführt.

Malta für Reisende

Man kann an dieser Stelle nicht verschweigen, dass Malta touristisch nicht ganz ohne Probleme ist. Leider ist der Hotelstandard insgesamt sehr niedrig, alle ehrlichen Reiseführer weisen darauf mehr oder weniger deutlich hin, die Sterneeinteilung nach lokalem Standard kann man nach mitteleuropäischem Standard meist gut einen Stern nach unten korrigieren.

Uns ging es mit dem Hotel Qawra-Palace in Qawra so, nach dem Prospekt nett mit kleiner Poollandschaft am Meer liegend, die unmittelbar daran vorbeiführende Hauptstraße war durch geschickten Kamerastandort unsichtbar. Das Hallenbad entpuppte sich als Kinderbecken, das Frühstück geriet zur lieblosen Massenabspeisung in einem dusteren Speisesaal mit eintöniger Auswahl, der Service war wenig kundenorientiert.

Dabei hatten wir Glück mit dem Zimmer, es hatte Meerblick, 70% der Räume aber münden in einen schachtartigen Innenhof, romantisch vielleicht für Höhlenforscher, aber für ein 4-Sterne-Hotel??? (Bei Buchung von zu Hause unbedingt darauf achten, bei der Buchung vor Ort erhält man manchmal ein absolut unzulängliches Preis-Leistungsverhältnis.)

Vielleicht ist es besser, ein privates Guesthouse zu suchen, wie wir es bei einem früheren Besuch getan hatten? Campen ist übrigens völlig unbekannt.

Reisen auf der Insel lässt sich durch die geringen Entfernungen dagegen gut, das Busnetz ist dicht, wenn auch bei der Höhlensuche ein Mietfahrzeug unschätzbare Vorteile bringt. An den Linksverkehr gewöhnt man sich, dank EU-Gelder sind zwar überörtliche Straßen teils völlig neu und vierspurig, die anderen Straßen aber teils so grauenhaft schlecht, dass sich unangepasste Geschwindigkeiten von selbst verbieten – erlaubt sind ohnedies nur 60 km/h. (Witzig fanden wir die differenzierten Geschwindigkeitsabstufungen in Orten, 30, 35, 40, 45, 50, ... alles ist vertreten!)

Die Beschilderung dagegen ist gewöhnungsbedürftig, nicht immer konsequent und höchst lückenhaft. Nur mit einer guten Karte lässt sich alles finden – dank der Kleinheit der Insel sind Karten ja in großem Maßstab verfügbar.

Der Malteser an sich ist überaus freundlich und hilfsbereit, kaum entdeckt er einen Touristen mit Landkarte, bietet er seine Hilfe an – die selbst ernannten Führer an manchen Sehenswürdigkeiten sind anders als in manch anderen Ländern nicht allzu aufdringlich.

Gewöhnungsbedürftig ist zunächst auch die Landschaft an sich. Es gibt ja keine Flüsse, keine Seen, keine Wälder, nur nacktes Karstgestein, von unzähligen Steinmauern kreuz und quer durchzogen, um den wenigen Humus vor weiterer Erosion zu bewahren. Freilich war das nicht immer so, die früher reich bewaldeten Inseln wurden von den Puniern und Römern abgeholzt, sie brauchten Holz für ihre Schiffe.

Dazu kommt die gewaltige Siedlungsdichte der Insel, nach Liechtenstein und Monaco der am dichtesten besiedelte Staat der Welt! Natur pur wird man also nirgends finden, die Orte wachsen häufig schon fast ineinander, die Vororte von Valletta dehnen sich immer weiter aus und bilden einen Siedlungsbrei von bedrückender Tristesse.

Kein Wunder, dass das Wandern dem Malteser vollkommen unbekannt ist, beschilderte Wege gibt es nicht. Natürlich kann man verschiedene Routen auf kleineren Straßen und Trampelpfaden abgehen, verschiedene Reiseführer bemühen sich um Beschreibungen, aber rechte Freude wird nicht aufkommen.

Landschaftsimpressionen:
o. l.: Karstlandschaft Marfa Ridge   o. r.: Blick auf Mellieha
u. l.: Typische Küste der Westseite   u. r.: Das durchweg grünere Gozo

So werden die Wege dieses Büchleins häufig eher Autowanderungen sein, zumindest was die Anreise zu den Objekten betrifft. Ein wenig in der Gegend um die jeweiligen Ausflugsziele herumzustreifen ist allemal lohnend, sei es auf den karstigen Hochflächen, entlang der Küsten oder auf dem grünen Gozo.

Denn die Charakteristik der Nachbarinsel Gozo ist gänzlich verschieden. Und wenn es auch nach den Reiseführern und der Karte bei der Vorbereitung kaum nötig scheint, sind jedem Besucher zwei Übernachtungen auf Gozo dringend ans Herz zu legen. Die Hauptsehenswürdigkeiten, von den Höhlen gar nicht zu sprechen, sind an einem Tag nicht zu schaffen.

15

Es wurde schon erwähnt, dass man sich für Malta mit einer guten Karte ausrüsten muss, die Höhlen sind kaum anders zu finden. Wir haben gute Erfahrungen mit der Freytag & Berndt Karte 1:30.000 gemacht (vgl. Literaturverzeichnis).

Ebenso wird man aus der Fülle der Reiseführer einen auswählen, der neben den Standardauskünften auch zu Landschaft und Natur (und Höhlen) etwas zu sagen hat. Die sehr ausführlichen Reisebegleiter aus dem Michael Müller Verlag sind da oft eine gute Wahl, der Band Malta von Michael Bussmann (vgl. Literaturverzeichnis) hat uns in der praktischen „Arbeit" vor Ort überzeugt, er bemüht sich sogar um Wanderroutenbeschreibungen und das sehr ausführliche Verzeichnis der Unterkünfte und Restaurants kommt dem Individualreisenden entgegen.

Malta für Höhlenforscher

Der Kalk Maltas ist gut verkarstungsfähig, viel ist für den Höhlenforscher auf Malta trotzdem nicht zu holen – die Höhlen sind eher klein, aber durchaus vielgestaltig. An vielen Stellen fallen ausgedehnte Karrenflächen auf, dort finden sich die berühmten „cart-ruts", oft unvermutet tun sich kleinere Höhlen auf.

Reichere Beute macht nur der, der sich – im Sinne dieses Buches – für Mensch & Höhle interessiert. Höhlen mit Sagenbezug gibt es, Höhlenkirchen zuhauf, und fast schon „massenhaft" Höhlenwohnungen aus den verschiedensten Epochen.

Daneben lockt eines der geheimnisvollsten unterirdischen Heiligtümer aus prähistorischer Zeit … allein dafür lohnt sich ein Besuch der Inseln!

Nicht allzu reichhaltig ist die Höhlenfauna. Insgesamt nur fünf Fledermausarten sind in den Höhlen Maltas nachgewiesen, daneben die üblichen Höhlenspinnen und Käfer.

Zahlreich sind die Möglichkeiten für Höhlentaucher. Die steinige Küste (Sandstrände haben Seltenheitswert) bietet eine Reihe von Unterwasserhöhlen. Diese sind nicht Thema dieses Buches und sollen nur am Rande erwähnt werden, der Interessierte findet im Internet sehr viel – und auch Bücher sind verfügbar. Der Kontakt zu lokalen Tauchschulen empfiehlt sich von selbst.

Die Geschichte der Höhlenforschung auf Malta

Der erste schriftlich dokumentierte Besuch einer Höhle auf Malta stammt aus dem Jahre 1647. F. F. Abela beschreibt in seinem Buch „Della Descrittione di Malta isola nel mare Siciliano, con le sue antichita" zwar keine bestimmte Höhle, erwähnt aber Knochenfunde aus Höhlen – er bringt sie in Zusammenhang mit den offensichtlich ehemals riesigen Bewohnern, die die gewaltigen Steintempel erbauen konnten.

Erst 1772 und 1780 erschien in zwei Bänden unter dem Titel „Malta Ilustrata" von G. F. Abela das erste Werk, das insgesamt 12 Höhlenobjekte konkret aufzählt, davon allerdings einige unbedeutende kleinere Meereshöhlen.

Von den Rittern von Malta ist Déodat de Dolmieu und ein wissenschaftliches Werk von ihm von 1791 erwähnenswert, er brachte es zu einiger fachlicher Anerkennung und ist immerhin der Namensgeber des Dolomit-Gesteins!

Ein anderer Ritter von Malta, Boisgelin de Kerdu verfasste 1804 ein Werk, „Ancient and modern Malta", das einige Höhlen nennt, 1840 veröffentlichte er ein zweites Buch, „Historie de Malta" mit etlichen Details mehr.

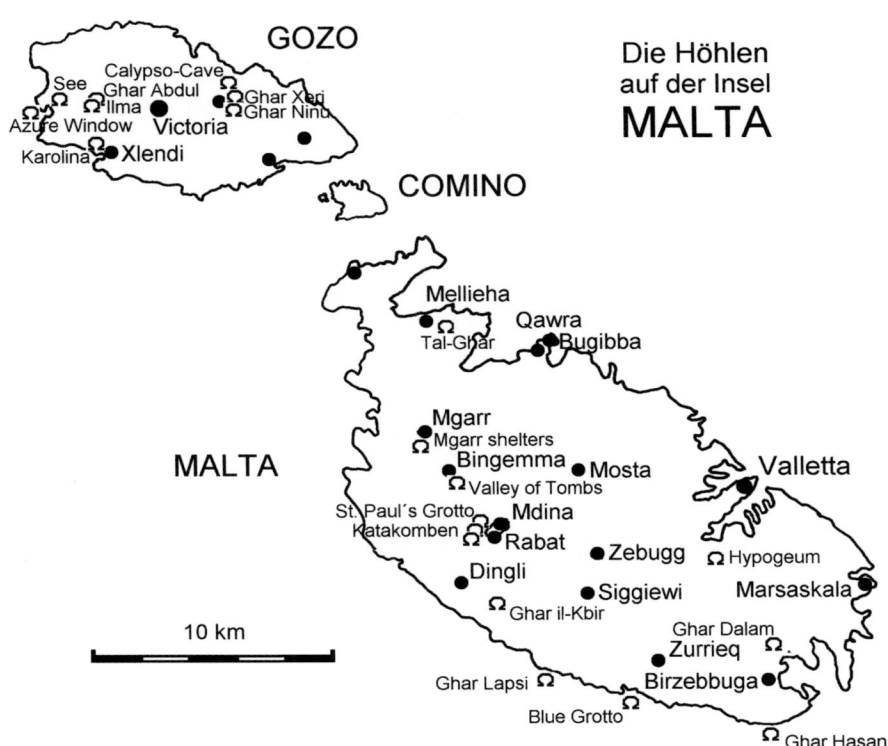

In der Folge erschienen nun einige kleinere Führer, kaum etwas Neues bietend.

Ab der Mitte des 19. Jh. treten auch die Archäologen auf den Plan, in deren Fachveröffentlichungen nun regelmäßig Ausgrabungen in maltesischen Höhlen erscheinen.

Höhlenwohnung (aus Tetzlaff 1986)

Der Kapitän der königlichen Marine, Thomas Spratt, ist als Ausgräber der Maghlaq-Höhle zu erwähnen. Leith Adams führte zwischen 1860 und 1868 Forschungen durch. Professor Issels Grabungen in der Ghar Dalam 1865 stellten die bis dahin größten Ausgrabungen in einer Höhle dar. Durch die sensationellen Funde rückte diese Höhle stark in den Mittelpunkt des archäologischen Interesses.

Es folgten 1892 J. Cooke, 20 Jahre später N. Tagliaferro und C. Rizzo. Weitere Forscher dort waren 1914 Thomas Ashby, Guzeppi Despott und der bekannte Archäologe Themistocles Zammit, dann 1921 E. Flaming, G. Sinclair und C. G. Thompson, sowie 1922-24 Sir Arthur Keith.

Die rein höhlenkundlich ausgerichtete Literatur zu Malta ist dagegen bis heute mehr als rar.

Trevor Shaw trat nach 1950 mit etlichen Artikeln in höhlenkundlichen Fachzeitschriften in Erscheinung (vgl. Literaturverzeichnis).

Den einzigen dem Autor bekannten Versuch einer vollständigen Gesamtschau startete im Jahre 2002 Tony Oldham aus England mit einem im Selbstverlag herausgegebenen Heft (vgl. Literaturverzeichnis Oldham 2002 mit Bezugsnachweis).

Einen ähnlichen Versuch in deutscher Sprache gab es bislang nicht, ein wenig möchte der vorliegende Band diesem Mangel abhelfen.

Machen wir uns also auf in ein Stück „Neuland", dem Traum aller Höhlenforscher. Mit etlichen Touren beginnt man am Besten zunächst auf der Hauptinsel Malta, nach einem Zwischenstopp auf dem kleinen Comino lockt das speläologisch sehr ergiebige Gozo …

Weg I
Museen, Bunker, Kirchen
– *Rund um die Hauptstadt Valletta* –

Ein Besuch Maltas wird wohl nie ohne einen ausführlichen Bummel durch Valletta abgehen, die Befestigungsanlagen, die Bauten der Ritter, der Dom und das Museum verdienen den Besuch.

Für den höhlenkundlich Interessierten führt insbesondere am zentral gelegenen Archäologischen Museum kein Weg vorbei. Neben Ausstattungen aus den prähistorischen Tempeln ist insbesondere dem berühmten Hypogäum breiter Raum gewidmet – Höhepunkt der Ausstellung ist die Statuette der liegenden Frau, die dort gefunden wurde. Interessant ist auch die Ausstellung von Werkzeugen, mit denen die unterirdische Anlage herausgehauen wurde.

Alles in allem eine lohnende Vorbereitung des Besuches der Tempel und des Hypogäums. Schade, dass nur ein kleiner Teil des Museums derzeit geöffnet ist, wegen „vorübergehendem Umbau“, wie unisono die Reiseführer vermelden – ohne wirkliche Hoffnung, dass dieser in absehbarer Zeit beendet sein könnte ...

Archäologisches Nationalmuseum

Öffnungszeiten:	täglich 9-17.00 Uhr außer 24, 25 und 31 12; 1.1.
Kontakt:	Auberge de Provence, Republic Street, VLT 04
Telefon:	+356 21221623
Email:	info@heritagemalta.org

Sogar ein unterirdisches Monument kann man in Valletta selbst besichtigen. Wie noch öfters auf Malta hat man es mit Relikten des Zweiten Weltkrieges zu tun.

In der Anfangsphase des Krieges wurde eine Reihe von Gängen aus dem 17. Jahrhundert in einen Komplex von Räumen für die militärische Nutzung umgebaut. Diese vor nicht allzu langer Zeit restaurierten ***Kriegsräume von Lascaris*** zeigen mit Graphiken, Modellen und Diaporamen denkwürdige Ereignisse des Kampfes um Malta aus den Kriegsjahren 1940 bis 1943. Die Räume liegen im „Lascaris-Graben“ in Valletta, waren bislang dem Publikum zugänglich, sind aber seit einiger Zeit (und nach Auskunft des Internets auf unbestimmte Zeit) geschlossen.

Interessanterweise gibt es im Kriegsmuseum im Fort St. Elmo eine exakte Kopie des unterirdischen Kriegsraumes im Lascaris-Graben.

Wer Valletta besucht hat, wird auch die Vororte nicht außer acht lassen und an den Strandpromenaden in wenig flanieren. Dies lohnt sich besonders in Msida.

Der Name Msida kommt vom arabischen msayda, was so viel wie „Aufenthaltsort eines Fischers" bedeutet, der Ort begann im späten 18. Jahrhundert aufzublühen. Die elegante Barockkirche St. Joseph wurde gegen Ende des 19. Jahrhunderts erbaut.

Abgesehen von angenehmen Spaziergängen hat der Ort die *Höhlenkapelle Chapel of Immaculate Conception* zu bieten. Der Vorbau der Kapelle soll (nach Mitteilung von Michael Bussmann) auf den Fundamenten einer Synagoge stehen.

Wenige Kilometer entfernt, landeinwärts von Sliema, liegt San Gwann, das sich aus einer Reihe kleinerer Gemeinden in den 60er Jahren des letzten Jahrhunderts entwickelt hat. Es ist heute eine begehrte Wohngegend und vergleichsweise lebhaft. Einige der geheimnisvollen Cart-Ruts finden sich versteckt im Wohnviertel, davon wird später die Rede sein.

Vor allem aber lohnt die *Höhlenkirche tal-Mensija* den Besuch. Die Lage ist etwas außerhalb des Zentrums, schwer zu beschreiben, am Besten fragt man danach – jeder kennt sie.

Wenn man sich der kleinen Kirche nähert, sieht man von Straße aus nur einen Eingang und den Kirchturm – aber kein Kirchenschiff. Die Lösung des Rätsels ist, dass direkt nach dem Portalgitter eine längere Treppe in den Untergrund führt und in einen kleinen, quer zum Zugang liegenden Kirchenraum führt – man könnte auch sagen, Höhlenraum.

Die Gründung geht auf das 15. Jahrhundert zurück und ist der Legende nach mit einem Wunder verknüpft. Es handelte sich ursprünglich in der Tat um eine natürliche Höhle, in der Arbeiter eines Tages eine Madonnenstatue fanden. Sie brachten sie in die Hauptkirche des Ortes, aber am nächsten Tag war sie wie durch ein Wunder wieder in die Grotte gewandert. Das erkannte man als Zeichen und erbaute die Höhlenkirche.

Papst Leo XII verlieh im Jahr 1879 der kleinen Kirche Sonderrechte und sie ist bis in die heutigen Tage ein besonderer Ort der Andacht und ein ausgezeichnetes Beispiel eines Höhlen-Kultraumes.

Man besucht sie am Besten täglich zu den Gottesdiensten um 17.30, an Sonn- und Feiertagen um 11.00. Ansonsten ist sie meist verschlossen, aber auch dann einen Besuch wert weil man durch das Gitter hinuntersehen kann.

Weg II
Das Hypogäum
– *Unterirdischer Tempel von Weltrang* –

Paola, ein modernes städtisches Gebiet auf dem Hügel oberhalb des Grand Harbour, teilt überraschenderweise mit Valletta eine gemeinsame Vergangenheit. Es ist ebenfalls eine „neue" Stadt, von den Rittern nach einem Gitternetzsystem wie dem der Hauptstadt entworfen. Direkt in Paolas dichtem Straßennetz, genauer gesagt in Hal Saflieni, liegt Maltas wertvollste prähistorische Stätte: das *Hypogäum*. Es handelt sich um eine unterirdische Grab- und Tempelanlage, die ihrer Bedeutung gemäß von der UNESCO zum Weltkulturerbe erklärt wurde.

Der Begriff „Hypogäum" kommt aus dem Griechischen von „hypo" = „unter" und „ge, gaia" = „Erde". Unter diesem Begriff werden in der Architektur alle unterirdisch angelegten Bauten oder deren unterirdische Teile zusammengefasst.

Eine überraschende Entdeckung...

Man würde kaum erwarten, genau in dieser Gegend auf eines der großen Wunder der Vorgeschichte zu stoßen, und die Entdeckung war tatsächlich ein Zufall. Um 1900 war Malta britische Kolonie. Als man den Marinestützpunkt ausbaute, entstanden viele neue Siedlungen und Häuser für die Dockarbeiter. Vermutlich stießen Bauarbeiter bereits im Jahre 1899 in die oberen Räume des Hypogäums vor. Aber man verschwieg den Fund drei Jahre lang (!) und missbrauchte die Anlage zur Entsorgung von Schutt, wichtige Details waren für die Archäologen da natürlich schon verloren gegangen.

Auf Anhieb erkannten nur wenige Gelehrte die Bedeutung des Fundes. In ersten Berichten wurde die Anlage als mittelalterlich eingestuft.

In Malta sollte sich in der Wissenschaft der Archäologie vor allem ein Mann hervortun, Sir Themistocles Zammit, den man heute sozusagen als Vater der maltesischen Archäologie verehrt. Zammit wurde 1864 geboren, studierte in Paris und London und machte sich zuerst einen Namen in Medizin und Chemie. Für seine wissenschaftliche Leistung wurde er geadelt. Da Zammit von der Archäologie fasziniert war, widmete er sich schließlich ganz dieser Wissenschaft.

Er erkannte die Bedeutung des Hypogäums und handelte rasch, um die Überreste zu retten. 1903 beauftragte er seinen Freund und Kollegen, den Jesuitenpater Emanuel Magri, mit den Ausgrabungen zu beginnen. Aber dies erwies sich als nicht so einfach. Die Räume waren mit durchnässtem Erdreich und prähistorischen Ablagerungen verfüllt. Als Magri gerade Fortschritte machte, wurde er von seinem Orden nach Tunesien abberufen. Dort starb er 1907 und seine Aufzeichnungen der Forschungsergebnisse wurden nie gefunden.

Daraufhin setzte Zammit selbst die Arbeiten fort. 1910 veröffentlichte er nach mühsamer Kleinarbeit einen detaillierten Bericht.

Das Hypogäum von Hal-Saflieni ist eine Art Labyrinth vieler unterirdischer Gänge, Hallen und Nischen. Es erstreckt sich über mehrere Etagen. Die Gänge wurden mit Stein- und Knochengeräten bis zu 10,6 Meter tief in den weichen Kalkstein getrieben und über ca. 1300 Jahre sukzessiv erweitert. Die Gesamtfläche beträgt rund 500 m². Die Wände sind teilweise mit ockerfarbenen Malereien geschmückt. Die Anlage soll sich auf einen Zeitraum zwischen 3200 und 2400 v. Chr. datieren lassen, wobei die oberste Ebene (logischerweise) der älteste Teil der Anlage ist.

Faszinierend sind die teils gut erhaltenen Verzierungen, in den Fels geschlagene Spiralmuster z.B., die eine gute Vorstellung vermitteln, wie auch die oberirdischen Tempel ausgesehen haben müssen.

…ein weitgehend ungelöstes Rätsel…

Die zeitliche Einordnung und Verbindung mit den Bauphasen der Tempel wurde Eingangs bereits vorgenommen. An dieser Stelle noch einige ergänzenden Gedanken:
Die ersten dauerhaften Siedler waren ja Bauern um etwa 5.000 vor Christus. Etwa 1.500 Jahre später schufen die Nachkommen dieser Siedler eine Hochkultur, die keinen Vergleich auf der Welt hat.

Es bleibt ein absolutes Geheimnis, warum sie nicht die Kultur ihres Heimatlandes Sizilien mitbrachten. Sie hatten nämlich noch Kontakte mit der Außenwelt. Sie importierten Obsidian, ein seltenes vulkanisches Glasgestein von der italienischen Insel Lipari, Ocker, der Farbstoff, der für dekorative Zwecke benutzt wurde, kam aus Sizilien, während Alabaster vom italienischen Festland stammte! Dennoch übernahmen die Seefahrer Maltas nicht die Sitten derer, mit denen sie Handel trieben, und hatten ihrerseits auch keinen Einfluss auf andere Völker.

Die große Zahl der Tempelanlagen, 23 insgesamt, verwundert. Die Tempel sind in Gruppen angeordnet, möglicherweise waren also die Inselbewohner in Gemeinwesen organisiert, die ihr eigenes Gebiet und eigene Tempel sowie Begräbnisstätten hatten. Vermutlich wollten sie ihre Überzeugungen in diesen Bauten verewigen, Überzeugungen, die andere Kulturen nicht ansprachen.

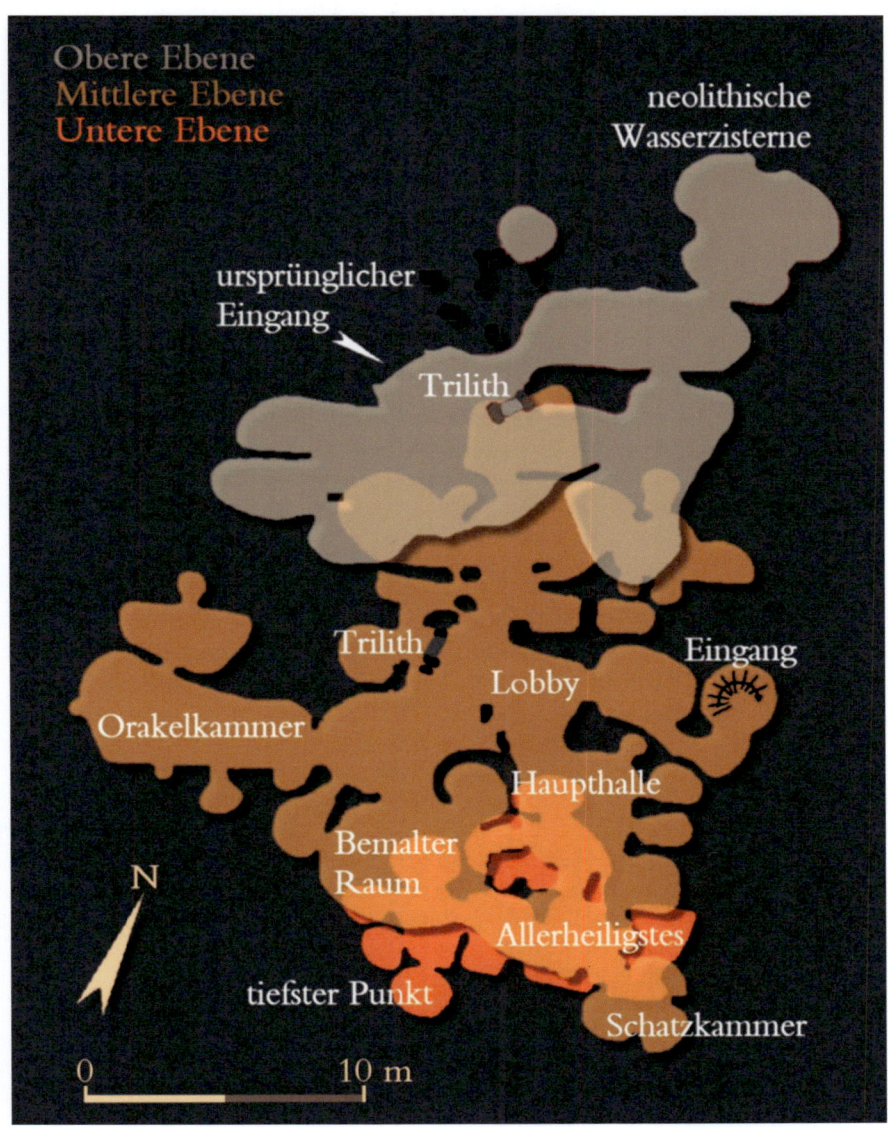

Grundriss des Hypogäums
Durch die Farbdarstellung sind die verschiedenen Ebenen gut erkennbar, die sich teilweise überlagern.

(Grafik: Peter Holl, aus Kusch, 2001, mit freundlicher Genehmigung der Autoren)

Die verwendeten Bautechniken sind erstaunlich. Ebenso erstaunlich ist ihre Fertigkeit, die Tempelanlagen im Falle des Hypogäums unter der Erde zu replizieren, sozusagen als Negativarchitektur. Für die Toten also unterirdische Tempel wie überirdisch für die Lebenden?

Die Begräbnisstätte entstand vermutlich durch Benutzung und Erweiterung einer natürlichen Höhle. Die sorgfältige Ausführung deutet darauf hin, dass das Hypogäum nach einem Plan angelegt und über Jahrhunderte weiterentwickelt wurde.

Gearbeitet wurde im Halbdunkel, die Arbeiter benutzten ausschließlich Knochen- und Steinwerkzeuge zum Herausarbeiten, Glätten und Ausschmücken.

Die Architektur der Tempel und der Gräber war architektonisch darauf angelegt, den Zugang zu begrenzen, möglicherweise nur für einige wenige Privilegierte. Ein faszinierender Gedanke! Vielleicht kontrollierten sogar Priester oder Anführer die Menschen, indem sie diese Bauten zur Ausübung Ihrer Macht benutzten. An der engen Beziehung zwischen der Grabanlage und den Tempeln scheint jedenfalls kein Zweifel zu bestehen. Vielleicht stellten sie sogar eine symbolische Verbindung zwischen der realen Welt und dem Jenseits dar.

Das Sonnenlicht drang nur bis in die obersten Räume, die oberste Ebene war ursprünglich nach oben offen. Die inneren Kammern jedoch lagen im Dunkeln, erfüllt vom Geruch der verwesenden Körper. Im Verlauf von 1.000 Jahren wurden etwa 7.000 Menschen hier bestattet! Alte Knochen wurden dabei nicht entfernt, sondern nur zur Seite geschoben. Das Hypogäum wurde immer wieder erweitert. Fundgegenstände lassen darauf schließen, dass der soziale Rang der Toten beachtet wurde. Die Menschen verehrten offenbar also ihre Toten stark.

Woran glaubten sie aber? Man hat wohl eine Gottheit verehrt. Bei allen frühen Mittelmeerkulturen findet man Hinweise auf eine weibliche Gottheit. Der berühmteste Fund von Malta, einer der bekanntesten der Frühzeit überhaupt ist die schon erwähnte „Schlafende Dame", eine kleine Skulptur, im Original im Museum in Valletta zu besichtigen.

Die schlafende Dame ist eine lebensnahe Darstellung von unglaublicher Ausdruckskraft. Vielleicht stellt sie das Verbindungsglied dar zwischen Leben und ewigem Schlaf? Die Menschen drückten jedenfalls ihre Ideen in Bildern und Skulpturen aus. Auch wenn wir heute nicht mehr alle Symbole verstehen, ist ja bemerkenswert, dass überhaupt solche benutzt wurden.

Die Deutung der Anlage ist schwierig. Bei dem Hypogäum handelt es sich um eine Begräbnisstätte und einen Tempel zugleich. Die Tatsache, dass die hier gefundenen Figuren, wie die meisten der sonst auf Malta gefundenen neolithischen

Das Hypogäum von Hal Saflien

links: Innenansicht des „Allerheiligsten" aus der mittleren Ebene, die „Negativarchitektur, also die Abbildung der oberirdischen Tempel, ist hier besonders eindrucksvoll erkennbar

oben rechts: Die berühmte „Schlafende", Höhe 7 cm, Länge 12 cm, Tiefe 6,8 cm, die genaue Deutung ist ungewiss

unten rechts: Innenansicht der „Haupthalle" mit Nischen in der Wand

Fotos: Dr. Heinrich Kusch, Graz

Skulpturen, vermutlich weiblichen Geschlechts sind (was wegen der Darstellungsart und der Körperfülle nicht immer ganz mit Sicherheit bestimmbar ist), führte zu der Annahme, dass es sich um eine matriarchale Gesellschaft handelte, und dass im Hypogäum Priesterinnen, Wahrsagerinnen usw. beigesetzt wurden – denn die Toten waren fast ausschließlich weiblich!

Anlass zu zahllosen Spekulationen gab vor allem der berühmteste Raum, die Orakelkammer, mit einem Hauptraum durch einen schmalen Durchlass verbunden. Die Stimme einer Person darin klingt im Hauptraum mysteriös verzerrt. Handelt es sich um den Orakelort von Priesterinnen?

Um 2.500 vor Christus war die Kultur schlagartig zu Ende. Vermutlich waren die Inseln dann völlig unbewohnt. Warum das geschehen ist, kann niemand schlüssig erklären.

...und ein faszinierendes Erlebnis

Die Anlage des Hypogäums war bei Ihrer Entdeckung vollständig mit Häusern überbaut. (Bis heute kann man in den Ausgrabungen noch letzte Reste dieser alten Häuser sehen.) Ein Teil wurde abgerissen, um die obere Ebene wieder frei zu legen, aber natürlich (mit einem Museumsbau) wieder geschlossen, um das archäologische Erbe zu sichern.

Folglich betritt man heute ein unscheinbares „Haus" in einer Nebenstraße - und steht am Eingang der Anlage.

Schwierig ist, sich vorzustellen, wie das Ganze ursprünglich einmal ausgesehen hat. Die Anlage liegt auf einer Hügelkuppe. Da Gelände fällt zum innersten Bereich des großen Hafens hin ab. Steinblöcke zeigen an, das am Eingang ein Megalithbau stand. Vermutlich war die Anlage ursprünglich von solchen Megalithen umgeben und daher ein sehr markanter Punkt in der Landschaft.

Die Tempelanlage kann inzwischen (nach jahrelanger Sperrung) wieder in beschränktem Umfang besucht werden. Leider hatten die Besuche der Touristenscharen die Tempelanlage bedroht. Um dem vorzubeugen, wurde die Anlage modernisiert und an Besucherlimit eingeführt. Nun wird es nur noch 8 Gruppen mit 10 Personen am Tag gestattet das Hypogäum zu besuchen. Durch diese Maßnahme ist ein Spontanbesuch unmöglich. Karten müssen vorab gekauft werden - im Sommer und in den Pfingstferien beträgt die Wartezeit manchmal einige Wochen. Der Interessierte muss unbedingt bereits zu Hause über Internet buchen!

Hypogäum	
Öffnungszeiten:	täglich 9, 10, 11, 13, 14, 15, 16, Uhr
	geschlossen: 24, 25 und 31 Dezember, 1 Januar
Besuchsdauer:	90 min
Kontakt:	Hal Saflieni Hypogeum, Burial Street
	Paola PLA 03, Malta
Telefon:	+356 21825579 (keine Reservierung!)
	oder: +356 21805018/9
Internet:	www.heritagemalta.org/maltashop.html
	(auch Online-Kartenreservierung!)

Dafür ist der Besuch ungemein beeindruckend. Nach einem Film werden die kleinen Gruppen durch die Anlage begleitet, die weitgehend im mystischen Dunkel bleibt, um die Substanz zu schonen. Induktiv gesteuerte Geräte, die jeder Besucher erhält, geben an den jeweils passenden Stellen fachkundige Erläuterungen. Nur kurz werden die einzelnen Details und Partien ausgeleuchtet, auf die sich die Aufmerksamkeit gerade richten soll – eine gelungene Inszenierung. Und nicht nur für archäologisch Interessierte der vielleicht lohnendste Besuch der ganzen Insel!

Das zweite Hypogäum der maltesischen Inseln liegt übrigens auf Gozo. Die unterirdischen Bereiche unter dem Brochtorff Circle sind aber in der Ausgrabungsphase und noch absolut unzugänglich (Erläuterungen bei Weg 14).

Der Tempel von Tarxien – und eine kleine Höhle

Als nahe gelegenes nächstes Ziel wird man vielleicht den Tempel von Tarxien ansehen, nur wenig entfernt. Manchmal wird man ja ganz unvermutet fündig: Eine winzige Höhle öffnet sich am Rand des Areals des Tempels, nur 10 Zentimeter unter der Oberfläche, die vermutlich irgendwann nachbrach und den „Eingang" frei legte.

Das der Tempel von Tarxien ein eigenes, faszinierendes Erlebnis ist, muss nicht extra betont werden.

Die Modelle und Funde aus dem archäologischen Museum in Valletta haben den Besucher ja schon vorbereitet.

Aber wem gleich zwei „Weltwunder" an einem Tag zu viel sind, dem kann man das auch nicht verdenken.

Weg III
Die Schauhöhle Ghar Dalam
– Überraschende Funde –

Die Anfahrt zum nächsten größeren Objekt führt in den östlichen Inselteil und dort von Marsaskala die Küste nach Süden über Marsaxlokk nach Birzebbuga – nicht ohne die Möglichkeit, am Wegesrand einige Kuriositäten zu entdecken.

Eine Laune der Natur

Die Landspitze östlich Marsaskala heißt Zonqor Point. Von dort an der Küste 800 m nordwestlich liegt die **Ghar id-Duhan**, auch **Smokey Cave** genannt. Sie ist auf der Karte richtig eingezeichnet. Sie ist insofern interessant, als sie verschiedene „Blaslöcher" aufweist, einige nur Zentimeter im Durchmesser. Wenn die Brandung von unten dagegen drückt, blasen sie die Gischt meterhoch in die Luft. In der Regel findet man die Höhle auch nur durch diese Laune der Natur (vgl. Oldham 2002, S. 10).

Nur per Boot erreichbar ist die **Ghar l-Abjad**, etwa 2,3 km nordwestlich Zonqor Point, südlich von Xghajra. Die Höhle besteht aus einem großen Felsenfenster.

Das Geheimnis einer Kirche

Ein etwas größerer Ort, etwas landeinwärts, ist Zejtun, der vielleicht einen Abstecher lohnt.

Seine Ursprünge liegen in der Antike, jedenfalls wurden in der Gegend punische Gräber und die Überreste einer großen römischen Villa mit Zisternen und Olivenpresse gefunden. (Die Produktion von Olivenöl setzte sich hier vermutlich bis in die arabische Zeit fort, denn der Name der Stadt leitet sich ab vom semitischen Wort *zejt*, das „Olive" bedeutet.)

In Zejtun ist viel von historischem Interesse erhalten, wie die Pfarrkirche St. Catherine von 1622.

Faszinierend ist vor allem die alte Pfarrkirche St. Gregory aus dem Jahr 1592. Bei Arbeiten wurde 1969 ein **Geheimgang** in der Kirchenwand entdeckt, der vermutlich als sicherer Zufluchtsort für die Dorfbewohner dienen sollte, wenn Zejtun angegriffen wurde.

Für die letzten Flüchtenden wurde das Versteck offensichtlich zum Grab, denn man fand die Skelette von etwa 80 Menschen.

Malerisches Marsaxlokk

Auf dem Weg weiter nach Süden sollte man den malerischen Ort Marsaxlokk nicht auslassen, nirgends lassen sich die bunten maltesischen Fischerboote schöner fotografieren.

An der Südspitze des Hafens findet sich *Benghisa Gap.* Die Höhle wurde 1864 von Leith Adams ausgegraben, er fand dort Reste von 24 Elefanten, darunter zwei praktisch komplette Skelette, daneben etliche andere Knochen. Insgesamt ist das Objekt immerhin 210 m lang und besitzt eine Endkammer von 33 m Länge und 10 m Höhe! (Bei Maempel 1998 S. 213 findet sich eine Beschreibung und sogar eine Karte auf Seite 216.)

Die Schauhöhle Ghar Dalam

Schließlich befindet man sich in der Nähe des touristisch mit Abstand interessantesten Höhlenobjektes, der Höhle *Ghar Dalam (Höhle der Finsternis)*. Im Dalam-Tal, etwas außerhalb von Birzebbugia, (wenn man von Zejtun kommt auf der rechten Seite,) liegt diese zweitlängste Höhle Maltas und ein kleines Museum. Sie ist als Schauhöhle zugänglich.

Die Höhle ist eine der bedeutendsten paläontologischen Fundstätten in Malta. In der Höhle wurden Knochen von Menschen und Tieren, wie zum Beispiel Zwergelefanten, ausgewachsen gerade einen Meter hoch, Bären, Flusspferde und Riesenschwäne gefunden.

Die spannende Historie

Interessant ist zunächst schon die geologische Entstehungsgeschichte der Höhle. Es handelt sich vermutlich um eine der ältesten Höhlen Maltas und um eine typische „phreatische" Höhle.

Vor ca. 1,8 Mio. Jahren war die Topographie der Insel ganz anders als heute. Die Täler waren noch nicht ausgewaschen und das Gelände flach. In dieser Zeit drang in Folge des damals nassen Klimas Wasser durch das poröse Gestein in den Untergrund und formte die Höhle bis zur Größe eines respektablen Tunnels. Erst später, durch die Eintiefung der Täler durch Erosion, wurde die Höhle angeschnitten und erhielt einen Eingang.

Blockbilder im Museum erklären den Prozess der Höhlenentstehung anschaulich. Das Tal schnitt die Höhle dergestalt in der Mitte durch, dass eine Fortsetzung an der gegenüberliegenden Talseite übrig geblieben ist. Diese ist freilich mit Sedimenten verfüllt und daher keine begehbare Höhle.

Die Höhle Ghar Dalam wurde erstmals von Pater Giovanni Francesco Abela im Jahre 1647 beschrieben, die wissenschaftliche Bedeutung freilich noch nicht erkannt.

Im Jahre 1865 wurde sie von dem deutschen Prof. Arthur Issel ausgegraben. Er entdeckte dort die ältesten Siedlungsspuren Maltas, heute auf 5200 v. Chr. datiert. Die ersten, von Sizilien zugewanderten Menschen auf Malta haben sich also (unter anderem?) dort niedergelassen!

Bereits 17 Jahre später, 1892-1893 forschte John Henry Cook, ein Englischlehrer aus Valletta recht gründlich. Bis heute gilt seine Ausgrabung als eine der wichtigsten der Forschungsgeschichte der Höhle. Eine große Menge an Knochen waren das Resultat.

Weitere Forschungen erfolgten 1912-1913 durch den Archäologen Napoleon Tagliaferro, dann werden die Grabungsaktionen zahlreicher, die Wissenschaft hat die Höhle entdeckt.

Tagliaferro arbeitete bereits zusammen mit Giuseppe Despott, der später der erste Kurator des Ghar-Dalam-Museums werden sollte. Er führte die Grabungen fort, 1914 treten Dr. Thomas Ashbey und bereits der „Altmeister" Themistocles Zammit Maempel mit auf den Plan.

Die Namen werden immer zahlreicher, 1922 der Engländer G. G. Sinclair, auch eine englische Paläontologin, Gertrude Canton Thomson sowie J.G. Baldacchino, der später nach dem frühen Tod von Despott 1933 der zweite Museumskurator werden sollte. Er veröffentlichte 1937 auch als erster die oben beschriebene Theorie der Entstehung.

Der zweite Weltkrieg brachte eine Unterbrechung der wissenschaftlichen Arbeit mit sich.

In der jüngeren Zeit sind Forschungen aus dem Jahre 1974 erwähnenswert, als der Frankfurter Dr. Gerhard Storch mit modernen Methoden noch neue Tierarten nachweisen konnte.

Im Frühjahr 1980 erlitt die Forschung einen Rückschlag, viele Funde wurden leider bei einem Einbruch gestohlen und sind bis dato nicht wieder aufgetaucht.

Unter Zammit Maempel, von 1955 bis 2003 übrigens der dritte Museumskurator, fanden 1995 die vorläufig letzten Grabungen statt.

Insgesamt finden sich in Ghar Dalam sechs Schichten:

6. Die Kulturschicht (Stärke: ca. 74 cm)
   Anzeichen der Besiedelung durch den Menschen und durch Haustiere, phönizische, bronzezeitliche und jungsteinzeitliche Funde, Scherben, Tierknochen und menschliche Gebeine. Alter: max. 7500 Jahre.

5. Kalk-Schicht (Stärke: ca. 1-6 cm)
   Eine Trennschicht ohne Funde zwischen der 4. und der 6. Schicht.

4. Hirsch-Schicht (Stärke: ca. 1,85 cm)
   Eine Schicht roter Erde, durchsetzt von vielen Rotwildknochen, aber auch Braunbär, Fuchs, Wolf und andere. Alter: Pleistozän, 18.000 – 10.000 Jahre.

3. Kiesel-Schicht (Stärke: ca. 35 cm)
   Trennschicht ohne Knochenfunde, gilt als Indiz für die starken Veränderungen in der Fauna Maltas.

2. Flusspferd-Schicht (Stärke: ca. 1,70 cm)
   Knochen der Zwergelefanten und Flusspferde, durch kalkreiches Wasser verfestigten sich die Knochenschichten, man spricht auch von einer „Knochen-Brekzie", und blieben so erhalten. Alter: 180.000 - 130.000 Jahre.

1. Tonschicht (Stärke: ca. 1,20 - 1,75 m)
   Diese Sedimentschicht war schon entstanden bevor die Decke durchbrach, sie besteht hauptsächlich aus unlöslichen Verunreinigungen des Kalkes. Da die Höhle auf der anderen Seite des Tales niedriger liegt, ist sie auch gänzlich mit diesem Material verfüllt.

0. Kalk
   Der gewachsene Fels der Höhle. Alter: etwa 25. Mio. Jahre

Die große Vielzahl an Knochen – die unglaubliche Menge von 17.000 Knochenstücken wurde bislang geborgen – lässt sich dadurch erklären, dass nach dem Aufbrechen der Decke die Überreste verschiedenster Tiere hineingespült wurden. Die älteste Theorie ist die einer gewaltigen Flut, die dafür verantwortlich sein soll. Ganz klar ist diese Entstehung aber nicht – andere Forscher glauben, diese Theorie widerlegt zu haben. Die Wissenschaft hat auch hier noch ein Rätsel zu lösen!

Eine kleine Sensation für die Wissenschaft waren die Funde der Elefantenknochen insofern, als es sich um Zwergelefanten handelt, wie sie heute nicht mehr vorkommen. Ganz offensichtlich hat sich in großen Zeiträumen mehrmals die Trennung der Insel vom Festland in den Zwischeneiszeiten bzw. Wiedervereinigung in den Eiszeiten vollzogen, in letzteren Perioden lag ja, wie schon erwähnt, der Meeresspiegel viel tiefer. Offensichtlich sind zugewanderte Tiere wie die Elefanten nach ihrer Isolation auf den Inseln im Zuge der evolutionären Entwicklung immer kleiner geworden. Für die Individuen auf dem relativ kleinen Gebiet zweifellos ein Vorteil und ein Zeichen der Anpassung an veränderte Lebensbedingungen (weniger Nahrung, keine großen Feinde ...).

Die Forschungen haben übrigens auch ergeben, dass die

10 m

↑N

Ende Besucherweg

Ghar Dalam
(Höhle der Finsternis)
bei Birzebuggia, Malta

GGL: 144 m

Skizze: Mai 2008
Peter Hofmann

Graben

Besucherweg

Plattform

menschlichen Knochen (der obersten Schicht) aus Anatolien stammen und diese via Sizilien nach Malta gelangt sind. Diese Höhle erbrachte damit den auch den Beweis, dass, wie Eingangs bereits erwähnt, es zwischen Malta und Sizilien noch vor etwa 11.500 Jahren eine Landverbindung gab. Eine ehemalige Landverbindung nach Afrika kann dagegen nicht bewiesen werden.

Beachtung verdient auch die aktuelle Fauna der Höhle. Im Eingangsbereich bauen Erdbienen mit dem wissenschaftlichen Namen *Anthophora acervorum* ihre Nester. Ein Schild am Eingang beruhigt daher die Besucher und weist darauf hin, dass es sich um eine harmlose Bienenart handelt.

Daneben finden sich vereinzelt Fledermäuse, hauptsächlich Mausohren.

Interessant ist eine winziges endemisches Insekt, also ein Tier, das nur hier in dieser Höhle vorkommt und daher natürlich auch nach dem Fundort benannt ist: *Armadillidium ghardalamensis*. Dabei handelt es sich um eine Holzlaus, die 1982 von Prof. E. Caruso von der Universität von Catania hier entdeckt und bestimmt worden ist. Es handelt sich tatsächlich auch um ein echtes Höhlentier, das Insekt ist völlig farblos und blind. Wegen dieses Fundes wurde die Höhle auch im Rahmen des Natura 2000 Programms der EU unter besonderen Schutz gestellt.

Die Höhle ist erst seit 1930 für die Öffentlichkeit zugänglich.

Übrigens soll die Höhle nach manchen Quellen bis 1911 bewohnt gewesen sein. Auch noch andere Nutzungen musste sie über sich ergehen lassen (vgl. Fabri 2007 S. 11). Erst 1912 hat man zwei Mauern entfernt, eine am Eingang, eine weitere etwa 80 m im Inneren, die die Nutzung auch als Viehstall möglich gemacht hatten!

Im Zweiten Weltkrieg diente die Höhle als Luftschutzbunker. Etwa 200 Personen hielten sich im August bis Oktober 1940 dort auf. Dann übernahm das englische Militär den Ort, die Luftwaffe richtete dort ein Lager für Flugbenzin ein. Mit Sandsäcken füllte man den Boden auf, um eine einigermaßen ebene und nutzbare Fläche zu erhalten.

Das Höhlenmuseum

Das Gelände und das Eingangsgebäude liegen fast etwas unscheinbar neben der Straße. Links und rechts des Kassenraumes sind zwei Ausstellungsräume angeordnet. Gleich nach der Kasse rechts das „alte Höhlenmuseum" ist für sich selbst wieder ein Ausstellungsstück! 1932 eröffnet, zeigt es ca. 2000 (!) Knochen und Knochenfragmente in Vitrinen und Schaukästen an der Wand – es strahlt den originalen Charme einer paläontologischen Sammlung von vor 100 Jahren aus, als die schiere Masse noch vor alles ging – und natürlich die akribische Ordnung! Schön, dass man es so belassen hat. Aus heutiger Sicht etwas fragwürdig ist der Versuch, durch Ausstellung neuzeitlicher Skelette, etwa eines Jungelefanten (er soll aus dem Zirkus Hagenbeck stammen) zu zeigen wie ein komplettes Skelett der gefundenen Tiere, in diesem Falle eben der Zwergelefanten, ausgesehen hat.

Die Schauhöhle Ghar Dalam:
oben: Eingang
Mitte: Blick vom Podest nach dem Eingang
unten: Blick Richtung Eingang

Höchste Zeit also, dass gegenüber im Jahre 2002 (eröffnet am 23. Mai), ein neuer, nach modernen didaktischen Gesichtspunkten aufgemachter Schauraum eröffnet wurde. Er erklärt die Genese der Höhle ebenso wie die verschiedenen Funde und bietet (in der Mitte aufgestellt) auch einen Überblick über die Forscherpersönlichkeiten, die mit der Ghar Dalam verbunden sind. (Die Führer empfehlen zuerst die Höhle, ich finde aber, man versteht die Situation in der Höhle besser, wenn man die Ausstellung zuerst besucht hat.)

Der Höhlenbesuch

Vom Eingangsgebäude geht man durch ein ansprechend als Art Garten gestaltetes Gelände mit Sitzmöglichkeiten auf einem Fußweg ca. 150 m und 50 Treppenstufen zum Höhleneingang hinab. Bemerkenswert ist ein Lochstein vor der Höhle, umgeben von einem Geländer.

Der Besucher kann alleine in die Höhle hineingehen, erfreulicherweise hat auch gegen das Fotografieren niemand etwas (mit einem Stativ gelingen schöne Aufnahmen vom Eingangspodest aus). Von den 144 m Höhlenlänge sind für Touristen neuerdings nur noch 50 m zugänglich, dann ist der ehemals längere Besucherweg versperrt, einige abgestützte

Deckenpartien deuten darauf hin, dass man offensichtlich Bedenken wegen der Stabilität der rückwärtigen Gangteile hat.

Der horizontale Tunnel mit einer Breite zwischen 9 und 17 m ist auf einem Weg entlang der linken Wand recht einfach begehbar. Zu Beginn erläutert eine Tafel nochmals die wichtigsten Dinge, unterwegs sind viele Punkte mit Erläuterungstafeln versehen. Interessant ist etwa 18 m nach dem Eingang ein Pfeiler, den man bei den Grabungen stehen gelassen hat und an dem auch für den Laien verständlich und sichtbar die oben beschriebenen sechs Schichten erkennbar sind.

Einzelne massive Stalagmiten sind zu sehen, ein großer direkt neben dem Führungsweggeländer fällt besonders ins Auge. (Die Ausgräber haben ihn bedenklich unterhöhlt und dann mit einem Pfeiler abgestützt.) Größere Versturzblöcke liegen herum, der Weg für die Besucher musste teils ausgegraben werden.

Nach 80 m teilt sich der Hauptgang auf, führt aber nach kurzer Strecke wieder zusammen. Die Höhle hat praktisch keine Seitenäste. Der Grundriss ist daher recht übersichtlich.

Schauhöhle Ghar Dalam

Öffnungszeiten:	Oktober bis Mitte Juni: täglich 8.15 bis 17.00
	Sonntag nur bis 16.00
Besuchsdauer:	nach Belieben, da frei durchwanderbar
Telefon:	+356 21657419
Internet:	www.heritagemalta.org
Hinweis:	Fotografieren erlaubt

Die Umgebung

Interessanterweise gibt es ganz in der Nähe eine für maltesische Verhältnisse sehr große weitere Höhle – bestand ein Zusammenhang? Die *Ghar Friefet il Leil* wurde von italienischen Höhlenforschern erkundet und auf 170 m Länge vermessen, sie besitzt drei Etagen. Der Eingang befindet sich auf der anderen Seite der Straße zur Höhle Ghar Dalam in einer Siedlung. Als Fledermausquartier ist die Höhle verschlossen.

In der Nähe dieser Objekte, 2 km östlich, liegt eine weitere Höhle, die *Grotte dei Pipistrelli*. Schließlich soll sich im Ort Birzebuga selbst, in der Nähe der Kirche, die Höhle *Ghar l-Ahmar* befinden.

Weg IV
Ghar Hasan
– Ein Besuch mit Schwierigkeiten –

Die Höhle **Ghar Hasan (*„Höhle des Hasan")***, bisweilen auch *Hassan* geschrieben, liegt ca. 3 km südlich von Birzebbuga an der Küste und ist leider nicht mehr so leicht zu finden wie schon einmal, man muss genau nach Karte fahren, dort ist sie sicherlich eingezeichnet. Eine Straßenerweiterung (mit einer Art grüner Insel in der Mitte und Parkmöglichkeiten) markiert die Stelle der Höhle.

Hier ist der Besuch offiziell schon wieder zu Ende, zur großen Enttäuschung der Besucher findet sich nur ein großräumig abgesperrtes Gelände. Direkt am Ende der Parkbucht führte bis 2006 ein befestigter Weg Richtung Klippen, ca. 100 m, dort führen Stufen und ein in den Fels geschlagener kurzer Fußweg zum Eingang der Höhle selbst.

Seither aber ist, wie gesagt, das Gelände abgesperrt, in manchen neueren Reiseführern steht, nach einem Felssturz. Davon ist nichts zu sehen, beim Besuch dort hatte ich eher den Eindruck, dass vielleicht Geologen diesem Küstenabschnitt generell keine ausreichende Stabilität mehr zugestehen und großflächigen Verbruch befürchten, nur so wäre die Maßnahme zu erklären.

Schade, damit dürfte auch eine Wiedereröffnung nicht anstehen. Auch sieht die Situation vor Ort nicht so aus, als würden Instandsetzungsmaßnahmen eingeleitet, das Gelände verwahrlost zusehends und ist offensichtlich „aufgegeben".

Das Gelände ist allerdings nicht bewacht und der Zaun an verschiedenen Stellen so zerstört, dass der, der es darauf anlegt, zur Höhle gelangt – aber besser sollte man den Sicherheitsmaßnahmen Folge leisten und sich fernhalten.

Der Name „Höhle des Hassan" stammt von der Legende eines Sarazenen der angeblich im 11. Jahrhundert dort mit einer Malteserin gelebt haben soll, nachdem die Insel von den Christen erobert worden war. Als die christlichen Soldaten im Anmarsch waren, soll er sich mit seiner Geliebten von den Klippen ins Meer gestürzt haben.

Der Eingang liegt ca. 70 m über dem Meer direkt in der hier ca. 100 m hohen Steilwand. Sie ist mit 390 m die längste Höhle Maltas. Der italienischer Verein Gruppo Speleologico Imperiese C.A.I. hat sie 1990 vermessen.

Vom Parklatz durchquert man zunächst ein karstiges plateauartiges Gelände.

Dann steigt man über 25 Stufen zu einem schmalen, in den Fels gehauenen Steig hinab, der hoch über dem Meer zum Eingang führt. (Hasan hatte damals „seine" Höhle übrigens über ein Seil erreicht.) Der Haupteingang ist 5 m hoch und 6 m breit.

Ghar Hasan besteht aus einer Reihe horizontaler Tunnelgänge, die meist aufrecht begehbar sind, immer wieder abbiegen und teils untereinander verbunden sind. Die beiden längsten Tunnels messen immerhin 48 m und 73 m.

Der Eingangstunnel ist von einer ziemlichen Dimension und beeindruckt durch seine ausgeprägten Wand- und Deckenstrukturen – gewaltige Rippen und Auskolkungen wohin man blickt! Der hintere Teil nach etwa 40 m war wohl einmal vergittert, der Rest eines Gitters ist noch vorhanden, ist aber längst aufgebrochen.

Die Höhle hat zwei weitere Eingänge, die direkt in den Steilfelsen münden und entsprechend spektakuläre Aus-

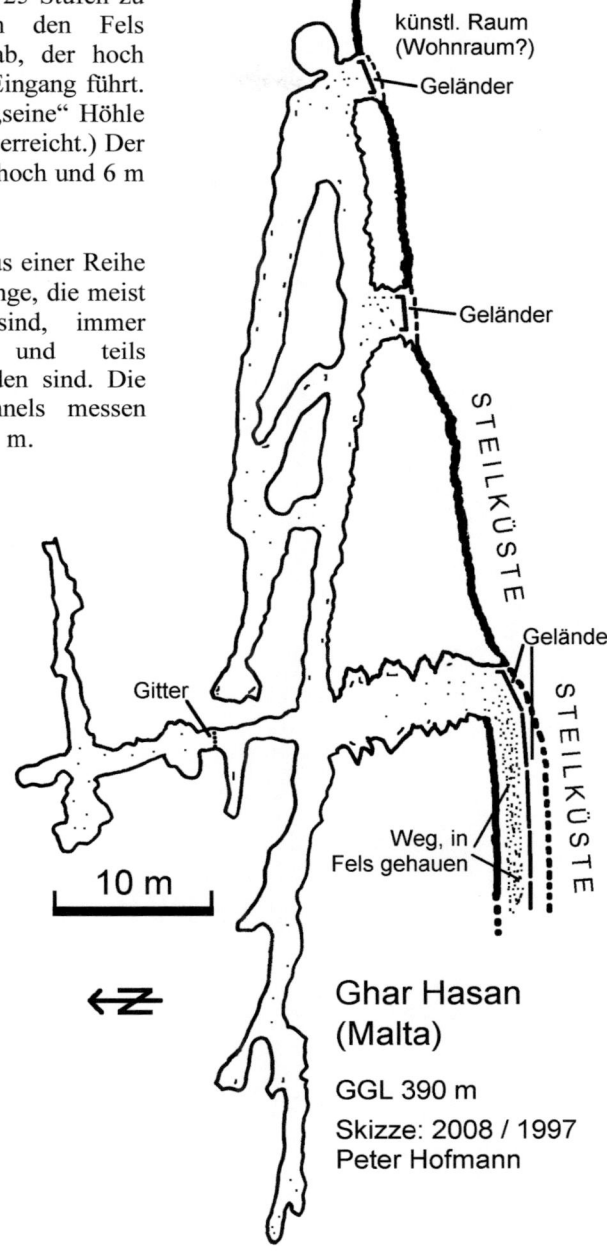

künstl. Raum (Wohnraum?)

Geländer

Geländer

STEILKÜSTE

Gelände

Gitter

STEILKÜSTE

Weg, in Fels gehauen

STEILKÜSTE

10 m

Ghar Hasan (Malta)

GGL 390 m
Skizze: 2008 / 1997
Peter Hofmann

Ghar Hassan:
oben: Spektakuläre Lagen in den Klippen
Mitte: stark erodierter Eingangsteil
unten: die inneren Gänge (Foto von 1987)

blicke aufs Meer bieten.

Das zweite Tagfenster erreicht man über einen relativ engen, küstenparallelen Gang, der nach 30 m rechts vom Zugangsteil abzweigt, gar nicht sofort zu sehen. Ab hier ist eine Lampe unbedingt nötig.

Noch etwas weiter gelangt man zum letzten Eingang. An diesem östlichsten Eingang befindet sich eine künstlich erweiterte Kammer, daher ist zu vermuten, dass hier die „Wohnung" des Sarazenen Hasan war.

Die einwärts ziehenden Gänge sind teilweise etwas niederer und nur gebückt, stellenweise nur kriechend zu befahren. Wie auf dem Plan gut zu erkennen, gibt es im Wesentlichen einen einzigen größeren Parallelgang, mit dem Hauptgang mehrfach verbunden.

Leider ist die Höhle insgesamt auch seit langem sehr stark verschmutzt, was die Freude des Besuches trübt. Man muss schon aufpassen, wohin man tritt…

Vielleicht tut die Sperrung der Höhle ja gut – oder sie ist in Bälde gar nicht mehr da?

Schade, Malta wäre um eine Naturerscheinung ärmer.

Weg V
Von der Blauen Grotte bis Ghar Lapsi
– Ein Ausflug zu Maltas Meereshöhlen –

Der südliche Küstenabschnitt und die Gebiete um Zurrieq, Siggiewi bis Dingli versprechen vor allem spektakuläre Meereshöhlen – im Hinterland aber auch ein paar interessante kleinere Entdeckungen!

Zur Blauen Grotte

Die vermutlich bekannteste Meereshöhle Maltas befindet sich 2 km südlich von Wied iz-Zurrieq südlich der Stadt Zurrieq. Den Weg dahin findet man leicht, diese Sehenswürdigkeit ist wirklich auf jeder noch so groben Karte eingezeichnet und auch ausgeschildert genug. Die kurze Stichstraße, die von der Küstenstraße hinabführt, endet an einem Parkplatz, der schon ahnen lässt, dass es sich um einen beliebten Ausflug handelt …

An einigen Gebäuden vorbei, natürlich ist an Lokalen kein Mangel, erreicht man die malerische Anlegestelle der bunten Boote, von denen eine ganze Armada zur Verfügung steht. Nach Entrichten des entsprechenden Obolus kann es gleich losgehen.

Eine ganze Kette von Höhlen, von denen die *Blaue Grotte* die größte ist, können mit der Rundfahrt erreicht werden.

Freilich nur bei gutem Wetter; bei stürmischer See, wenn die Gischt an den Felsen 30 m und mehr emporspritzt, verbietet sich das Unternehmen von selbst! Nach Stürmen mit schwerer See muss man oft noch einen Tag mehr warten, im Zweifelsfalle sollte man sich vorher erkundigen. Auskünfte erhält man unter Telefon 9945 5347 oder 2164 0058 oder 2164 9107.

Grundsätzlich lohnt aber auch dann der Besuch, von einem kleinen Parkplatz oberhalb kann man den großen Bogen, hinter dem die eigentliche Höhle liegt, zumindest von oben betrachten.

Mit dem Boot fährt man in einige dieser Grotten hinein. Alle haben übrigens eigene Namen, die dem Nicht-Malteser allerdings verborgen bleiben. Diejenigen, die man besucht, sind für die Touristen nach Besonderheiten benannt, die *Reflection-cave* beispielsweise, an der besonders schön die Reflexionen vom Meer ein Lichtspiel veranstalten. Eine andere heißt *Temple-cave* in Anlehnung an die Tempel, weil die Form an einen der Eingänge erinnert, eine dritte nennt sich

Church-cave, weil ihre Kuppel angeblich an die Riesenkuppel der Rotunde in Mosta erinnert.

Die Bootsfahrt hat wirklich ihre Reize, das Meer ist an vielen Stellen unglaublich intensiv blau bis türkisfarben, je nach Sonnenstand.

Dann passiert man eine schöne, große Naturbrücke, durch die hindurch man in die größte Höhle, eben die „Blue Grotto" gelangt. Sie besitzt zwei

Boote für die Fahrt zur Blauen Grotte

Eingänge, eine Höhe von 30 Metern und rund 90 Meter Länge, das Meer in ihr ist noch etwa 8 m tief.

Nicht umsonst wird dieser Ausflug von den meisten Reiseführern als Höhepunkt eines Malta-Urlaubes bezeichnet. Der Ausflug dauert leider nur etwa 25 Minuten. Die beste Zeit für die Unternehmung ist übrigens gegen 10.00 Uhr, weil dann der Lichteinfall optimal ist – die Sonne scheint besonders weit und intensiv in die Höhlen hinein.

Eine reizvolle Umgebung

Nur wenige 100 m von der blauen Grotte entfernt befindet sich noch die Wasserhöhle *Ghar ix-Xaghra*, auf der empfohlenen Straßenkarte eingezeichnet.

Von Wied iz-Zurrieq kann man übrigens auch die kleine Insel Filfa sehen. Filfa ist abgesehen von einer endemischen Echsenart unbewohnt. Als Malta eine britische Kolonie war, wurde Filfa von den britischen Streitkräften als Ziel für Feuerübungen missbraucht. Heute ist die Insel geschützt. Die Landschaft in diesem Gebiet ist wirklich schön – ein Tipp für die Fotografen!

Naturbrücke vor der Blauen Grotte

Übrigens soll sich auch in Wied iz Zurrieq noch etwas finden, genau westlich des Ortes, die **Bell Tower Cave**, angeblich mit einer Gesamttiefe von 27 m und mit drei Eingängen (nach Beschreibung von Middleton 1997 S. 64-67).

Ein „sagenhaftes" Loch bei Qrendi...

Etwas nördlich der Blauen Grotte, östlich von Zurrieq, liegt Qrendi („Il-Qrendi" auf Maltesisch), ein kleines Dorf in der Nähe der Dörfer Mqabba und Zurrieq.

Qrendi ist seit der Antike be-siedelt. Innerhalb der Gemein-degrenzen befinden sich auch die großartigen, etwa 3.800 v. Chr. entstandenen Tempel von

Die Doline Il-Maqluba bei Qrendi

Mnajdra und Ħagar Qim, die beide zum Weltkulturerbe der UNESCO zählen. Außerdem zeugen Reste von Schachtgräbern, Katakomben und andere archäolo-gische Funde von der vorzeitlichen Besiedlung dieses Gebiets.

Für den Höhlensucher findet sich an der Straße nach Wied iz-Zurrieq die Doline **Il Maqluba** mit einer Länge von 100 m, Breite von 60 m und einer Tiefe von 40 m – eine klassische Doline und Maltas schönste dazu.

Am Boden wachsen immer-grüne Bäume und Bambus, eigentlich ein Anzeiger für Wasservorkommen. Vielleicht gibt es hier noch eine aktive Wasserhöhle zu entdecken?

Von der Kirche San Mattew, (die ihrerseits auch recht inte-ressant ist, eine Tafel gibt Erläuterungen) führt ein fast schon verwachsener Pfad die 150 m bis an den Rand der Senke. Man erreicht über etli-che Stufen eine Plattform mit

Blick aus der Höhle Ghar Lapsi

Geländer zur Doline hin, die einen eindrucksvollen Blick in die Tiefe und auf die senkrechten, teils überhängenden Wände ermöglicht. An keiner Stelle ist ein einfaches Absteigen zum Grunde möglich.

Und eine skurrile Sage ist auch mit diesem Loch verbunden: Einst soll sich hier ein Dorf befunden haben. Aber die Dorfbewohner waren derart sündig, dass Gott beschloss, sie zu vernichten. Am Tag der hl. Katharina von Alexandria des Jahres 1343 (Catherine´s Day, jährlich am 25. November) verschlang sie ein gewaltiges Erdbeben. Aber nicht einmal der Teufel wollte sie haben, so verdorben waren sie, daher wurde ihr Dorf weit hinausgeschleudert ins Meer und bildet heute die Insel Filfla!

... und weitere Überraschungen

Wenn man die beiden bereits erwähnten Tempel von Mnajdra und Ħagar Qim besucht, findet sich beim unteren Tempel eine Schautafel mit Erläuterungen zur *Maghlaq Cave*, auch *Crendi Cave* genannt. Sie liegt nord-westlich der Tempel. Oldham (Oldham 2002, S. 13) schreibt, sie läge „nahe dem Dorf Halq-is-Sigar, 90 m über dem Meer". Allerdings gelang uns die genauere Lokalisierung nicht, ein Ort dieses Namens ist weder im Gelände noch auf irgendeiner Karte zu finden???

Die Höhle enthält angeblich Tropfsteine. In Ihr wurden 1861 Ausgrabungen durchgeführt, und zwar von Thomas A. B. Spratt, einem Kapitän der Royal Navy (Oldham 2002 S. 13). Dabei hat man Reste der Elefanten gefunden – und zwar eine dritte Art der Zwergelefanten.

Ein besuchenswerter Ort ist Mqabba , es gehört zu den alten Dörfern des Südens und liegt im Herzland von Maltas Kalksteinbrüchen. Einige davon sind noch aktiv, während andere, die nicht mehr in Gebrauch sind, mit Feldern und Obstgärten aufgefüllt wurden.

Zum Dorf gehören außerdem einige der sehenswertesten frühchristlichen Gräber, nämlich die mit Steinreliefs verzierten *Tal-Mintna Katakomben*.

Der Vollständigkeit halber sei ein kleines Objekt bei Mqabba im Winkel des L-förmigen Flughafens noch erwähnt. Im Außenbereich des Ortes befinden sich die *Klüfte Ta´Gandja* oder *Ta Kandia*. Sie liegen in einem Steinbruch im Globigerinenkalk, leider wurde sie lange Zeit als Müllkippe benutzt und teils verfüllt, ein auch nicht seltenes Thema von Mensch & Höhle!

Archäologisch sind sie nicht unbedeutend, Adams fand darin (wieder einmal) Knochen der Zwergelefanten (Zammit Maempel 1989, S. 214, Oldham 2002, S. 16).

Höhlen und ein Taucherparadies

Etwas nordwestlicher der Blauen Grotte an der Küste liegt die *Ghar Lapsi*, übersetzt *Höhle der Himmelfahrt*, in einer Felsenbucht, die bei Tauchern sehr bekannt ist. Von dort lassen sich nämlich noch zwei Unterwasserhöhlen ertauchen. Aber es ist auch ein schöner Platz für ein Picknick, es gibt eine Bar und ein Restaurant.

Eine kleine zugängliche Höhle liegt unterhalb des Parkplatzes neben dem Restaurant. Stufen und ein Fußweg geleiten den Besucher hinunter. Es handelt sich um eine größere Brandungshöhle mit zwei Eingängen, ein schöner Blick bietet sich von innen. Die Tiefe beträgt etwa 15 m, einer der beiden Eingänge ist etwa 10 m breit und 6 m hoch, der andere etwas kleiner (Foto S. 41 rechts unten).

Die Haupthöhle allerdings ist gegenüber der Bucht, dafür ist eine Leiter nötig. Sie hat mehrere Eingänge, ist durchgehend flach und auch nur 12 m lang (Middleton S. 68-71).

Wenn man die paar Häuser von Ghar Lapsi auf der Zufahrtsstraße wieder verlässt, fällt der Blick auf die hohe Klippe im Hintergrund, etwas landeinwärts. Eine *große Höhle* mit hoher Steinmauer davor bietet wieder einmal den typischen Anblick von (noch) genutzten Höhlen auf Malta.

An der Küste weiter entlang nach Nordwesten ist auf der f&b-Straßenkarte noch die Unterwasserhöhle *Ghar it Torkija* eingezeichnet. Dann beginnt der Küstenabschnitt der Dingli Cliffs bei Clapham Junction. (Der Ort Dingli selbst liegt noch etwas nördlicher landeinwärts.)

Ungefähr 20 *Spaltenhöhlen*, meist wenige Meter breit, lassen sich entlang der Dingli-Cliffs finden. Sie liegen meist etwa 30 m über dem Meeresniveau, aber das Hinkommen ist in aller Regel schwierig – und kaum so recht lohnend.

Nördlich dieses Areals, 1 km südwestlich des Ortes Dingli selbst, liegt schließlich noch die *Ghar Bitija*, wieder eine Wasserhöhle.

Weg VI
Ghar il-Kibir
– In den Höhlenwohnungen –

An vielen Orten auf Malta kann man Höhlenwohnungen sehen – die eindrucks-vollste Stelle ist vermutlich „Clapham Junction" in der Nähe der Buskett Gardens.

Die Zufahrt ist nicht allzu schwierig, ab Rabat sind die Buskett Gardens, dann auch die „Clapham Junction" einigermaßen ausreichend ausgeschildert.

An einer kleinen Straße hat man das Ziel erreicht, wenn der Pfeil zu „clapham junction" nach rechts in eine Einfahrt deutet. Dort ist ein Tor, das verschlossen sein kann, dann kann man der Straße parken und zu Fuß gut 100 m zu einem Parkplatz vor einem Haus gehen. Rechts führt unterhalb einer Telefonleitung ein Schotterweg ab, den man nach kurzem Weg wieder rechts auf einem Fußweg verlässt.

Das riesige Areal, das man vor sich sieht, nennt sich „Clapham Junction" – und es ist kein Zufall, sondern tatsächlich der Londoner Güterbahnhof damit gemeint. Warum?

Es ist die Stelle der imposantesten *cart ruts,* der geheimnisvollen Spuren Maltas – nicht nur hier findet man sie, hier aber in besonderer Vielzahl. Lange parallele Rillen sind in den Boden eingefräst, nach unten keilförmig zulaufend.

Die Cart-ruts oder Schleifspuren bilden vielleicht Maltas größtes Geheimnis ...

Bis heute ist ihre Funktion nicht klar. Die immer noch glaubhafteste Hypothese für deren Entstehung ist die, dass es die Spuren alter Transportschlitten sind, die man über die Erde geschleift hat. Denn um eine Art Straßensystem scheint es sich zu handeln, es gibt Ausweichen, Begegnungspunkte und Abzweigungen. Räder aber können bei diesem eigenartigen Querschnitt nicht darin gefahren sein.

Die neueren Forschungen gehen daher auch in Richtung Bewässerungsgräben, denn man muss sich auch fragen, was in den Spuren überhaupt transportiert worden sein könnte. Steine? Die gibt es überall. Erde? Schon eher. Aber würde man dafür derart aufwändige Systeme anlegen?

Kein Wunder, dass auch die Entstehungszeit unsicher ist. Punisch? Bronzezeitlich? Oder handelt es sich doch um Dänikens Außerirdische? Im Internet finden sich Seiten, die in den Spuren vorzeitliche Navigationssysteme sehen wollen, Kraftbündelungsanlagen, die Seefahrer an die Küsten geleiten.

Fragen über Fragen... Es fällt der Menschheit schwer, zuzugeben, dass sie (wieder einmal) keine Ahnung hat …

Hat es auch mit Höhlen zu tun? Vielleicht. Denn nicht weit, keine 100 m, befindet sich die *Höhlenwohnungen Ghar il Kbir, die „Große Höhle"*, und dennoch sind sie schwer zu finden, weil von weitem rein gar nichts zu sehen ist. Vielleicht hat sich schon ein selbsternannter „Führer" aufgedrängt, er wird sie einem zeigen, in den Karten sind sie in der Regel eingezeichnet, aber teils sehr ungenau und etwas irreführend.

Den Fußpfad über das Schleifspurenfeld geht man einfach weiter in Richtung der gegenüber liegenden Mauern. Durch eine Lücke, eher etwas links haltend, betritt man das Areal der Höhlenwohnungen – eine tiefe, dolinenartige Einsenkung. (Vorsicht, der Abgrund öffnet sich wirklich recht unvermittelt!)

Unten wachsen kleine Feigenbäume und Buschwerk; Felsbrocken liegen am Schachtgrund. Links, zwischen zwei Mauern geleitet, kann man über einen Pfad zum Grund absteigen.

Gleich kurz nach Beginn des Abstieges rechts ist die erste Höhlenwohnung zu sehen. Drei Stufen führen rechts einer Trockenmauer in einen Raum, zweifellos künstlich verändert, aber vermutlich im Ursprung eine natürliche Höhle. Vertiefungen am Boden in der Mitte des Raumes zeugen von der Nutzung, im Hintergrund tut sich ein nischenartiger Nebenraum auf.

Um 2000 vor Chr. sollen zum ersten Male dort Menschen gelebt haben und mit Unterbrechungen über Jahrtausende hinweg bis in die Neuzeit. Ein ganzes Dorf war dort verborgen, das bereits im 17. Jh. die Aufmerksamkeit des Jesuiten und Universalgelehrten Athanasius Kircher (1602-1680) auf sich gezogen hatte, so dass er das Leben der Dorfgemeinschaft studierte. Er schrieb: *„Die Höhlenbewohner lebten in getrennten Einheiten, die aus der Höhle herausgehauen waren, in steinernen Gefäßen bewahrten sie Wasser auf. Jede Familie hatte ihren eigenen Herd und benutzte getrockneten Dung als Heizmaterial. Bündel von Zwiebeln und Knoblauch grüßten den Besucher, die Menschen leben Seite an Seite mit ihren Tieren."*

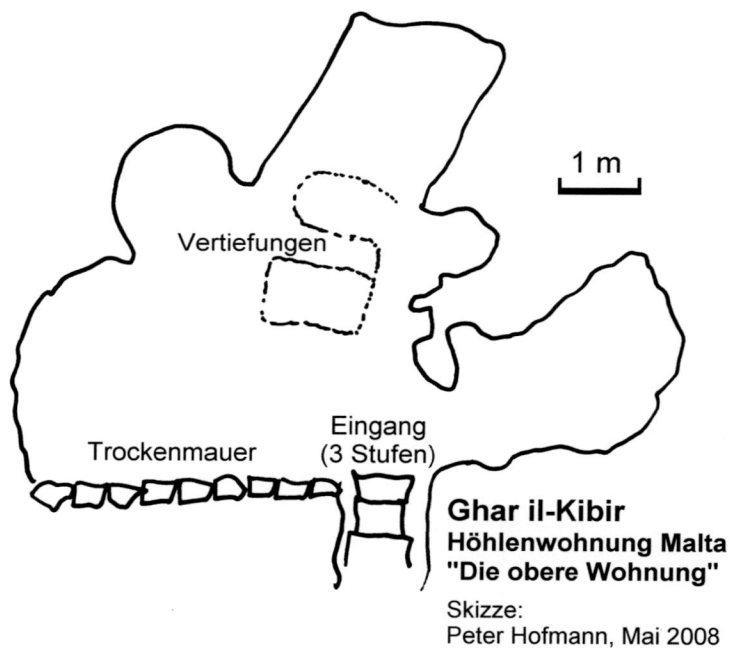

Doch 1823, andere Quellen (T. Oldham) schreiben 1835, siedelten die Engländer als Besatzer die Menschen gewaltsam um – ihnen waren die Höhlenbewohner offensichtlich ein Dorn im Auge. Um zu verhindern, dass die Bewohner dorthin zurückkehren, wurden die Wohnungen gesprengt und ein Jahrtausende alter Kulturort brutal zerstört.

Freilich sind auch die Reste beachtlich und besuchenswert.

Die größeren Relikte sind vom Grunde der Doline erreichbar. In Abstiegsrichtung geradeaus kann man durch einen Durchgang in ehemalige Räume gelangen, die gänzlich zerstört sind, die Decke ist hier weitgehend zusammengebrochen.

Die Höhlenwohnungen Ghar il-Kibir:
Eingang zu den unteren Wohnungen und
Innenansichten

Schräg nach rechts hinten lässt eine größere Halbhöhle noch die Nutzung erahnen, eine Trockenmauer teilt hier ein Stück ab.

Ganz rechts aber deuten über zwei Meter hohe geschlichtete Trockenmauern, die insgesamt drei Eingänge freilassen, die Haupträume an.

Der ganz rechte dieser drei Eingänge führt in einen großen Raum, der wenig untergliedert ist – eine große, eher niedrige Halle.

Der mittlere Durchgang führt zu eindrucksvollen Räumlichkeiten. Etwa 10 m, an einzelnen Stellen 15 m tief ist der Raum, in der Mitte eine Art Säule, Rest vielleicht der ursprünglichen natürlichen Höhle? Links und rechts bilden Trockenmauern teils Abteilungen zu den benachbarten Höhlenräumen, innerhalb des Raumes aber trennen sie (von rückwärts, also dem Höhleninneren zugänglich), ein Areal als Stall ab, offensichtlich noch immer als solcher für Ziegen genutzt.

Die Wände sind durchwegs sauber geglättet bzw. behauen, Nischen lassen die Nutzung erahnen – viel deutet ansonsten nicht mehr auf die Vergangenheit hin.

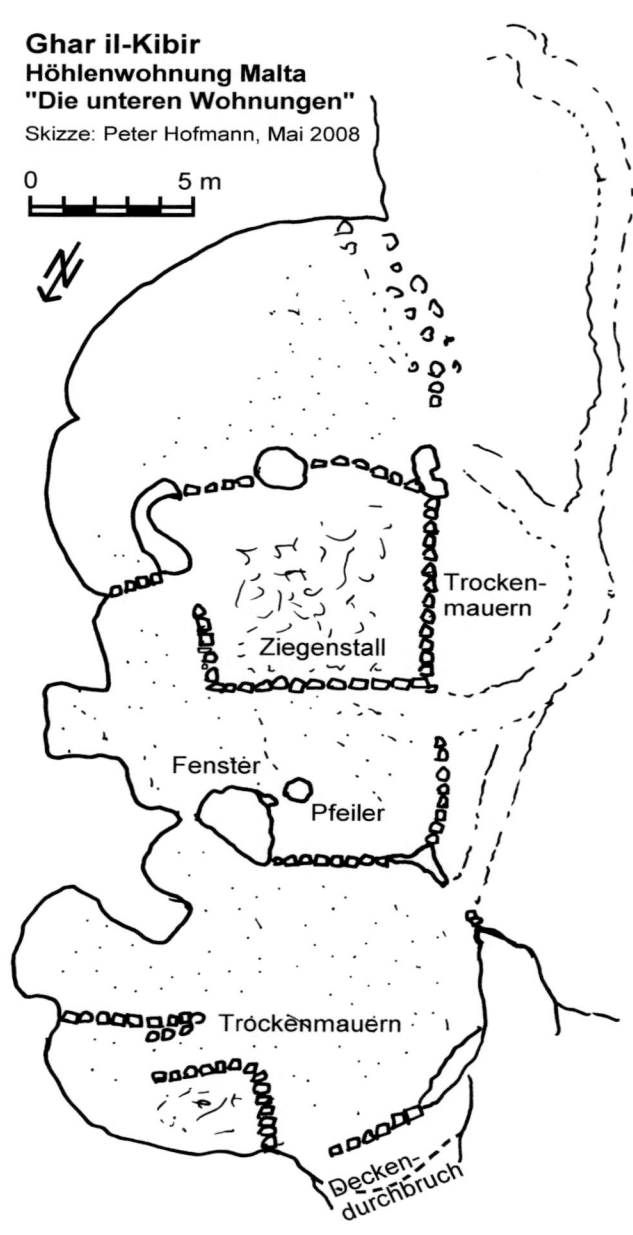

Ghar il-Kibir
Höhlenwohnung Malta
"Die unteren Wohnungen"
Skizze: Peter Hofmann, Mai 2008

0   5 m

Trocken-
mauern

Ziegenstall

Fenster

Pfeiler

Trockenmauern

Decken-
durchbruch

Links hat man einen Durchblick in einen noch größeren Raum, ihn erreicht man durch den linken der drei erwähnten Eingänge. Dieser ist gut mannsbreit und mannshoch, sehr sorgfältig geschichtet – der natürliche Höhleneingang wurde so deutlich verkleinert, was von innen sehr schön zu sehen ist.

Der 12-15 m im Durchmesser messende Zentralraum besitzt mehrere Kammern mit großen Trockenmauerresten. Durch ein gewaltiges Deckenloch dringt Licht ein und erfüllt die ganze Szenerie mit gedämpftem Licht, eine schöne, fast unwirkliche Stimmung!

Die Anlage der Höhlenwohnungen ist insgesamt etwas verdreckt und es könnte mit sehr wenig Aufwand deutlich mehr der Mystik der Räume wieder hergestellt werden.

Etwa 4.000 Jahre haben Menschen diesen Platz durchgehend bewohnt, vielleicht auch länger ... Viele Höhlen, an denen eine noch längere Geschichte haftet, gibt es wohl nicht auf der Welt. Zweifellos gehören die Schleifspuren in Verbindung mit den Höhlenwohnungen zum Besuchenswertesten, was Malta (neben den Tempeln natürlich) zu bieten hat.

Gleichzeitig zeigt sich hier in gewisser Weise der desolate Zustand der touristischen Infrastruktur des Landes am deutlichsten. Die Beschilderung endet kurz vor dem eigentlichen Areal, die Schleifspuren besichtigen viele, die Höhlen kaum jemand, die muss man erst finden! Kein Wegweiser deutet auf sie, keine Tafel erklärt sie, sie sind nicht gepflegt, nicht gesichert ...

Ein paar Malteser versuchen den Touristen als Parkplatzwächter oder „Führer" in der Hochsaison einen Euro aus der Tasche zu ziehen – auf die Idee einer nachhaltigen touristischen Entwicklung der Stätte scheint indes noch niemand gekommen zu sein!

Weg VII
Unterwegs im Südosten
– *Höhlenkirchen mit Geheimnissen* –

Südlich der Höhlenwohnungen bei Clapham Junction verläuft die Straße ein Stück südlich direkt der Küste entlang, entlang der Dingli-Cliffs. Nach einem Kilometer an der markanten Biegung der Straße landeinwärts sollte man an der kleinen Parkbucht anhalten. Auf einem genau südlich abzweigenden (schlechten) Feldweg kann man zwei interessante Objekte (oder sollte man besser sagen: Geheimnisse?) erreichen – und einen der schönsten Aussichtspunkte der Insel.

Auf dem erwähnten abzweigenden Weg erreicht man nach 150 m eine Art Felsnase, der Weg führt vorbei. Man sollte dort eine ebene Stelle hinter der Mauer beachten, sie ist nicht bezeichnet und eher unscheinbar. Auf einem Areal von vielleicht 20 mal 20 m liegen acht *runde Löcher*. Sie haben einen Durchmesser von unter einem Meter. Sie führen in Räume ähnlich Zisternen, einige davon dienten wohl auch als Wasserzisternen, Oberflächenwasser wurde offenbar durch Rillen dorthin geleitet. Andere dienten offenbar anderen Zwecken, waren es Speicher für Lebensmittel, etwa Kornspeicher? Wie öfter auf Malta zu sehen waren sie mit Steindeckeln verschließbar.

Vor Ort ist darüber nichts in Erfahrung zu bringen - von Michael Bussmann stammt der spätere Hinweis, die Stelle nenne sich Wardija ta San Gorg, ein Felssporn, der in der Bronzezeit befestigt wurde und als Fliehburg diente. Von zwei Seiten her war der Fels uneinnehmbar. Bei den Felsräumen handelt es sich tatsächlich um Speicher, von denen einige unterirdisch verbunden sein sollen!

Nach der Felsnase beginnt der Weg direkt spektakulär zu werden: Zunächst hart an den Rand des Steilabfalles mit mehreren schönen Ausblicken führt er dann steil in mehreren Kehren fast 100 Höhenmeter abwärts. In der heißeren Jahreszeit ist der Weg vielleicht besser am Abend zu genießen, da liegt wenigstens ein Teil im Schatten ...

Der Blick nach links an den Hang offenbart mehrere Höhlen, offensichtlich heute noch (landwirtschaftlich) genutzt. Und schon setzten sich die Geheimnisse fort.

Laut verschiedener Karten soll oberhalb des Weges eine *"Underground Chapel"* gelegen sein. Handelt es sich um den schmucklosen, kleinen, offenbar neueren Bau mitten in der großen Halbhöhle, zu dem ein Zugang kaum zu finden ist? Oder stimmen die Karten nicht, und die direkt am Weg gelegene, aber von der anderen Seite zugängliche kleine Kirche hat Höhlencharakter? Da beide Bauwerke meist verschlossen sind, fällt die Überprüfung schwer.

Maltas Geheimnisse am Wegesrand: Bronzezeitliche Zisternen

Wieder ein Rätsel, der Weg lohnt dennoch. Er ist übrigens auch Teil eines Wanderweges, der im Reiseführer Bussmann (2007) Seite 142/143 beschrieben ist und dank seiner landschaftlichen Reize zu den wenigen empfehlenswerten Wanderungen auf Malta gehört.

Weitere Höhlenkirchen ...

Eine weitere *kleine Höhlenkirche*, ebenfalls in den Karten verzeichnet (und wieder mit einem Rest Geheimnis, weil immer verschlossen), liegt knapp 2 km nordöstlich, erreichbar weiter auf der kleinen Straße, neben dem Aussichtspunkt Is-Salib-Tal Gnohia, mit 219 m Meereshöhe übrigens der höchste Punkt der Insel.

Typische Situation genutzter Höhlen: Ist das kleine Gebäude in der Mitte die in manchen Karten erwähnte Höhlenkirche?

51

Eine weitere nahe gelegene Sehenswürdigkeit ist bei Siggiewi der Inquisitors-Sommer-Palast. Auf dem Gelände in der Nähe der Terrassen befinden sich etliche tiefe Löcher, genannt **Ghar Mundu**, da in Privatbesitz aber nicht zugänglich. Erstaunlich, dass sie auf den meisten Detailkarten eingezeichnet sind.

… Tropfsteinarchitektur bei den Buskett Gardens …

Noch eine kleine Rarität am Rande lässt sich bei den Busket Gardens besichtigen, etwas nördlich Clapham Junction an der Straße nach Rabat gelegen. Auf jeder Karte sind sie verzeichnet, denn es ist das einzige baumbestandene Gebiet der Insel und lädt entsprechend zu Spaziergängen oder Picknick mit der Familie ein. Offensichtlich handelt es sich um die ehemals zum Verdala Palace gehörenden Schlossgärten. Allzu viel sollte man sich freilich nicht erwarten, das ganze Gelände macht einen arg vernachlässigten Eindruck.

Eine Zufahrtsstraße führt zunächst am Gasthaus „Roadhouse" vorbei zu einem großen Parklatz vor einem Gebäude, das einst sicherlich Teil der Gartenarchitektur war. Hinter zwei großen Bögen verbirgt sich eine künstliche Grotte, wohl ursprünglich als Brunnengrotte angelegt.

In der Mitte am Pfeiler zwischen den beiden Bögen aber steht dekorativ ein sehr **großer Stalagmit** – man darf wohl vermuten, dass er aus einem Steinbruch der Umgebung stammt, der eine Naturhöhle angeschnitten hat.

… und eine archäologische Stätte

Bei Wied Hesri zwischen den Orten Zebugg und Siggiewi befindet sich schließlich noch die **Zebugg Cavern**, wegen ihrer archäologischen Bedeutung erwähnt, auch die Länge von 27 m ist nicht ganz unbedeutend. Sie wurde von einem Bauern beim Graben einer Zisterne 3 m unter der Oberfläche angeschnitten.

Es handelt sich um eine Klufthöhle von durchschnittlich knapp 2 m Höhe und nur 50 cm Breite. Thomas A.B. Spratt hat sie 1959 ausgegraben und Knochen von gleich drei Elefantenarten entdeckt. Mit der Fundsituation glaubte Spratt die alte Theorie von Dolomieu von 1791 widerlegen zu können, dass eine gigantische Welle vor Urzeiten die Insel überflutet hatte, die Fauna ausgerottet und die Knochenlager, wie sie neben Ghar Dalam auch in anderen Höhlen anzutreffen sind, geschaffen hat.

Aber, wie schon dargestellt, da sind die Wissenschaftler alles andere als einig!

Weg VIII
In Rabat
– Stadt der Katakomben –

Rabat und die daneben liegende Stadt Mdina bilden sicher einen der besuchenswertesten Orte der Insel. Malerischer (und damit ein Ziel für den ausklingenden Tag) ist Mdina.

Höhlenkundlich ergiebiger ist freilich die „Vorstadt" Rabat, sie kann ohne Übertreibung als Stadt der Katakomben bezeichnet werden. Über 6 km^2 solcher unterirdischen Anlagen wurden entdeckt. Einige sind zu besichtigen, andere liegen unter Häusern, manche dienen schlicht als Keller!

Höhlenkirche St. Paul's Grotto

Zuerst aber sollte man die Pfarrkirche von Rabat, St. Pauls, ansteuern. Sie soll über der Grotte stehen, in der der Apostel Paulus nach seinem Schiffbruch auf Malta (60 nach Christus, die Apostelgeschichte Kapitel 28 berichtet darüber) in Gefangenschaft gelebt hat.

Der ursprüngliche Kirchenbau von 1572 ist heute nur noch zu erahnen, Ende des 18. Jh. Erhielt die Kirche das heutige Gesicht. Nach starken Beschädigungen bei einem Erdbeben 1924 wurde die Kirche originalgetreu restauriert.

Durch den Haupteingang betritt man die Kirche, rechter Hand kann man durch einen Durchgang in die dem Hauptschiff parallel liegende Kapelle des Hl. Publius gelangen. Meist ist aber diese auch von außen, durch die rechte Türe der Kirchenfassade also, direkt zugänglich.

Dann wird man unmittelbar hinunter zur *St. Pauls Grotto* geleitet, denn die breite Treppe ins Untergeschoß beginnt unmittelbar nach der Eingangstüre.

Über die Stufen gelangt man in eine Art Vorhalle, geradeaus liegen hinter zwei Gittertüren zwei Kapellen mit Altären. Die Vorhalle und der Raum mit den Altären ist schon sehr höhlenartig, die Decke besteht bereits aus dem gewachsenen Fels. Die eigentliche Paulus-Höhle liegt rechter Hand, ein relativ kleiner Raum, wieder mit einer Türe verschließbar.

Die genaue Zeit und der Ort des Schiffbruches des hl. Paulus ist ja etwas umstritten – von 58 bis 60 nach Christus reichen die Datierungen, manche wollen gar das Ereignis in Griechenland lokalisieren. Natürlich ist das nicht nach dem Geschmack der Malteser, für sie steht unumstößlich fest, dass 60 nach Chr. der Hei-

oben: Die St. Pauls Kirche in Rabat
unten: Wohnhöhle des hl. Paulus

lige vor ihrer Küste gestrandet ist. Drei Monate dauerte der Aufenthalt des Apostels auf Malta, die meiste Zeit soll er in dieser Grotte verbracht haben!

Überall sind die menschlichen Spuren zu sehen. Die Marmorstatue des Heiligen bildet den Blickfang, ein Schiff ist an der Decke aufgehängt, die Nischen im Hintergrund waren wohl ursprünglich für Bestattungen gedacht.

In der Höhle soll Paulus den hl. Publius sogar zum ersten Bischof Maltas geweiht haben – Paulus hat ja missioniert und eine Anzahl Christen bei seiner Abreise hinterlassen. Eine Reliquie des Heiligen Paulus wird in der Publius-Kapelle in einer vergitterten Nische links vom Hauptaltar aufbewahrt.

1617 wurde von einem Eremiten, Giovanni Beneguas, die erste Kapelle über der Grotte errichtet. Damals stand diese frei neben der Hauptkirche, erst mit der Errichtung der Schaufassade Mitte des 18. Jh. durch den Großmeister Pinto bildete alles eine Einheit.

1990 beim bereits erwähnten Besuch des Papstes Johannes Paul II betete dieser auch in der Paulushöhle. Der Anfang des von ihm gesprochenen Gebetes ist auf einer Tafel verewigt.

St. Pauls Grotto	
Öffnungszeiten:	täglich 9.30 bis 17.00
Besuchsdauer:	beliebig

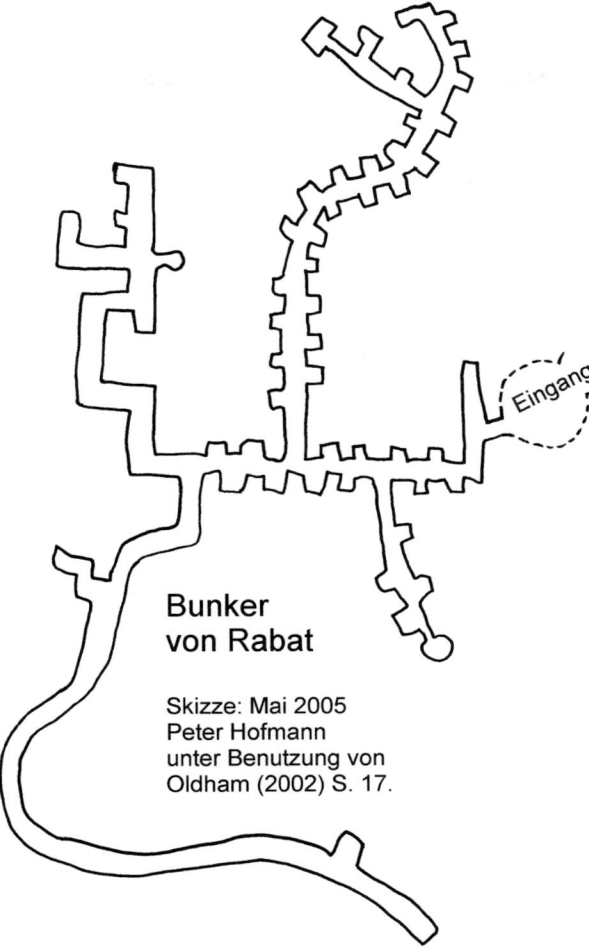

Eingang

**Bunker
von Rabat**

Skizze: Mai 2005
Peter Hofmann
unter Benutzung von
Oldham (2002) S. 17.

Bunkeranlagen und ein Museum

Interessanterweise ließe sich direkt von der Grotte eines der nächsten touristischen Ziele Rabats ansteuern, wenn dieser Zugang geöffnet wäre. Etliche Stufen führen zu einem Gang unter der Straße hindurch in die *Bunker* unterhalb des Museums Wignacourt. Der Gang war lange Zeit die einzige Zugangsmöglichkeit, links und rechts befinden sich weitere Gräber.

Das Museum wurde in einem ehemaligen Priesterkolleg eingerichtet und liegt südlich der Kirche. Neben Wechselausstellungen werden eine Gemäldesammlung gezeigt, daneben die üblichen Ausstellungsstücke für ein kirchliches Museum.

Über eine Treppe erreicht man die Bunker aus dem 2. Weltkrieg, die hier (wie auch andernorts) ebenfalls direkt in den Fels getrieben worden sind.

Wignacourt-Museum
    Öffnungszeiten: Mo. bis Sa. 10.00 bis 15.00
    Besuchsdauer: beliebig

Hinab ins Reich der Toten

Sehenswert sind, wie schon angedeutet, in Rabat vor allem die ausgedehnten Katakomben. Gleich drei verschiedene Anlagen sind öffentlich zugänglich.

Als erstes empfiehlt es sich, die *St. Paul´s Katakomben* zu besuchen. Sie liegen

nicht, wie der Name vermuten lassen könnte, bei der Kirche, sondern gut 150 m südlich, der Zugang ist gut beschildert.

Es handelt sich um eine sehr große, beeindruckende, unterirdische Grabanlage, von der man annimmt, dass hier zwischen dem 4. und 6. Jh. n. Chr. Bestattungen stattfanden. Dafür wurden alte punische Schachtgräber benutzt und ausgebaut.

Es sind die größten Katakomben Rabats mit einer Fläche von 2.500 qm, wie alle Grabanlagen außerhalb der Mauern angelegt, da ja die Römer Bestattungen innerhalb verboten. Natürlich ist nur ein kleiner Teil zu sehen, sie liegen durchschnittlich nur gut 5 m unter der Erde. Die ersten Erforschungen führte 1894 Dr. Annetto Antonio durch.

Beeindruckendes Totenreich:
St. Pauls Katakomben in Rabat

Man kann die Anlage selbst durchwandern, beim Besuch sieht man zunächst rechts die Haupthalle und links die Krypta. In Ersterer befinden sich zwei erhöhte Plattformen, sie dienten vermutlich als Stätten des Trauermales. In der Krypta in der sichtbaren Vertiefung stand dagegen vermutlich der Opferaltar.

Auf die Idee der unterirdischen Anlagen sollen übrigens als erste Juden aus Palästina gekommen sein. Die Christen haben diese Idee später übernommen.

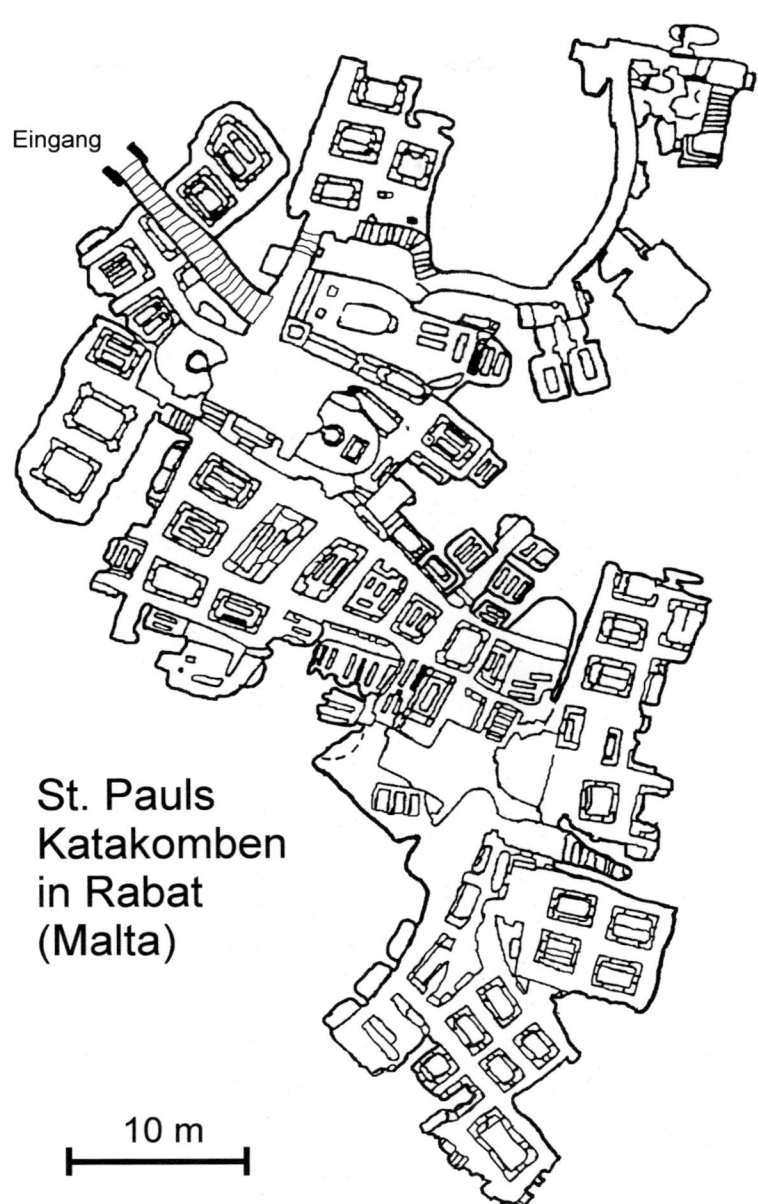

Eingang

St. Pauls
Katakomben
in Rabat
(Malta)

10 m

Schön ist, dass man die Anlagen so ausführlich bewundern und studieren kann, allein ihre Größe ist beeindruckend. Immer wieder tun sich neue Winkel und Abzweigungen auf, der Charakter der Grabstätten immer ähnlich und doch ist kein Grab dem anderen gleich. Irgendwann freilich ist man dann froh, das Tageslicht wieder zu sehen...

Schade, dass die Mitarbeiter an der Kasse uns als Besucher sehr unfreundlich behandelten – dem Charakter dieser Sehenswürdigkeit schien uns das irgendwie nicht angemessen.

St. Pauls Katakomben
  Öffnungszeiten: täglich 9.00 bis 17.00
                   letzter Einlass 16.30
                   (und nicht eine Minute später, wir haben es getestet!)
  Besuchsdauer: beliebig, eine Stunde muss man einplanen.

Wegen ihrer künstlerischen Ausgestaltung fast noch ein wenig beeindruckender sind die *St. Agatha´s Katakomben*, schräg gegenüber der gerade besuchten Örtlichkeit.

Die kleine Kirche St. Agatha, reich mit Fresken ausgeschmückt, ist einer jungen sizilianischen Heiligen geweiht, die, so sagt es die Legende, von Sizilien nach Malta geflohen ist, weil sie dem Gouverneur von Catania zwangsverheiratet werden sollte. Sie versteckte sich in den Katakomben von Rabat – kehrte aber später freiwillig nach Sizilien zurück um lieber den Märtyrertod zu sterben als gegen ihren Willen zu heiraten.

Die Katakomben liegen direkt unter der Kirche und werden durch Führer in der Regel recht sachkundig erläutert. Sie weisen punische und jüdische neben christlichen Gräbern auf.

Die Besonderheit der Katakomben ist die Krypta aus dem 15. Jh.; ebenfalls kunstvoll freskiert.

Auch hier können nur 10% der gesamten riesigen Anlage besichtigt werden – der Teil der christlichen Gräber. Etwa 200 m lang ist der Rundgang, die ganze Anlage bedeckt über 4100 m^2!

Etliche Grabbeigaben werden in dem kleinen Museum über der Anlage ausgestellt – daneben ein paar Kuriositäten wie ein mumifiziertes Nilkrokodil von etwa 400 v. Chr. !?

Hier ist im Gegensatz zu den anderen Katakomben das Fotografieren streng verboten, was sich am Ende der Gruppe aber wiederum schwer kontrollieren lässt, wenn man ohne Blitz ...

St. Agatha´s Katakomben und Museum
Öffnungszeiten: Sommer Mo. bis Fr. 9.00 - 17.00, Sa. 9.00 - 13.00
im Winter Mittagspause 12.00 - 13.00
Besuchsdauer: ca. 45 min.
Telefon: +356 454503
Hinweise: Nur mit Führung, fotografieren verboten!

Schließlich wartet noch die kleine *St. Cataldus Kirche mit Katakomben* auf ihre Entdeckung. Sie liegt schräg gegenüber der St. Pauls-Kirche. Links vom Altar geht es in die Katakomben hinunter. Diese sind im Vergleich mit den anderen beiden Anlagen recht klein, zur Abrundung der unterirdischen Visiten aber natürlich durchaus interessant, wenn der Besuch überhaupt gelingt. Denn die ausgeschilderten Besuchszeiten haben ganz offensichtlich nur Empfehlungscharakter.

St. Cataldus Katakomben
Öffnungszeiten: Di. und Do. 10.00 - 12.00 und 14.00 - 16.00
So ist es angegeben, wird aber nicht immer eingehalten.
Man kann versuchen, in der Hauptkirche den Wärter
der Paulusgrotte wegen einer Besichtigung zu fragen.
Besuchsdauer: 30 min.

Damit ist Rabat nun wahrlich ausführlich besichtigt, den Eingangs bereits erwähnten Bummel durch das stille Mdina sollte man jetzt nicht vergessen ...

Weg IX
Rund um Rabat
– Höhlen, Gräber, Kirchen –

Nach so viel Untergrund ist ein wenig Bewegung an der frischen Luft angebracht, die Umgegend von Rabat ist unbedingt besuchenswert. Zwei Wege kann man gut auch zu Fuß bewältigen, wenn nicht gerade hochsommerliche Hitze herrscht …

Zu den Wohnhöhlen Mthalebs

Direkt von der Kirche St. Pauls könnte man eine Wanderung zu *Wohnhöhlen* anschließen. In Bussmann (2007) ist sie auf Seite 159 beschrieben. Sie führt westlich auf die Küste zu. Der etwas verstreut liegende Ort Mthaleb hat einige derartige Objekte zu bieten, ein Teil der Häuser liegt unterhalb eines Plateaus, deren hinterer Teil besteht bei einigen aus in den Fels geschlagenen Kammern.

In den Anmerkungen zum Höhlenbuch von Oldham (Oldham 2002, S. 28) findet sich der Hinweis, dass sogar unter der Kirche dort eine *Höhle* sein soll, immerhin 6 m tief und 9 m lang. Ein anderer Autor, Nicholas (Nicholas 1970) erwähnt einen Besuch dort und berichtet, sie sei als Pferdestall benutzt worden. Erstaunt hat ihn ein kleines Rinnsal, das innerhalb der Höhle wieder verschwand und nicht weit vom Eingang nochmals als Quelle hervorkam. Trotzdem benutzten die Bewohner diese Quelle, um Trinkwasser zu schöpfen, wie Nicholas explizit anmerkt, offenbar ohne Schaden zu nehmen ...

Ebenso erwähnt er noch eine *weitere Höhle* knapp 200 m westlich von 6 m Länge und 3 m Tiefe. Die Besonderheit darin sei eine dicke Schicht Guano gewesen, obwohl die Bewohner sagten, dort noch nie Fledermäuse gesehen zu haben. Daher hielt er es für möglich, dass es sich um ein sehr altes Depot handelt.

Von Mthaleb schließlich könnte man an der Küste entlang noch ein Stück nach Norden vorstoßen. Auf einem Höhenrücken liegt ein Ausgrabungsort, in der Karte als „Bronze Age Village" eingezeichnet. In der Nähe liegen *Ghar Sanpietru* und *Ghar San Brinkaw* jeweils mit bronzezeitlichen Siedlungsspuren.

Zwei Objekte mit gewissen Schwierigkeiten

Eine zweite Wanderung könnte an den Katakomben starten. Von dort geht man die Straße einfach weiter (westlich), bis diese schließlich auf die Hauptstraße am Rande der Stadt stößt. Genau gegenüber führt eine kleinere Straße weiter, der aufmerksame Besucher entdeckt den Hinweispfeil zu *„Ghar Barka Real Housing Estate"* – eine Siedlung, die nach einer Höhle benannt ist ... wenn das nichts verheißt! Und auch die Straße selbst heißt Ghar Barka Street! (Das Hinweisschild scheint nach links die Hauptstraße entlang zu deuten, gemeint ist aber die Straße von der Hauptstraße weg. Ein zweiter Wegweiser lautet auf Lunzjata.)

Die Siedlung Ghar Barka erreicht man auf der kleinen Straße bald, sie führt an einer platzartigen Erweiterung nach rechts weiter und erreicht bald die ersten Häuser der relativ neuen Siedlung. Der Platz am Anfang heißt vielversprechend wieder „Triq Ghar Barka". (Es gibt sogar einen Fußballclub Ghar Barka FC!)

Es wächst die Spannung - eine Höhle zu finden ist freilich nicht so einfach. Am Zugang ist man da bereits vorbeigekommen. Dieser ist die erste ganz kleine Straße nach rechts, nach der oben erwähnten Kreuzung mit der Hauptstraße und dem Hinweisschild. Ein schmaler Weg leitet an einigen Gebäuden vorbei, leider nach 100 m auch an einem ziemlich verlottert aussehenden Hof mit Pferdehaltung und mehreren Hunden, vor denen die Besitzerin uns warnte, sonst aber nichts unternahm!? (Also umkehren und doch mit dem Auto durch die Gefahrenzone? Überhaupt, die Hunde auf Malta, ein eigenes Kapitel.)

Der Zufahrtsweg endet im Hof eines größeren Farmhauses, dahinter liegt die Höhle *Ghar Barka*. Es handelt sich um ein Objekt mit größeren Räumen, das wieder einmal als Wohnhöhle benutzt wurde und auch schon archäologisch erforscht wurde.

Einem ganz ähnlichem Objekt der Gegend, eigentlich lohnender als Ghar Barka, sollte man danach einen Besuch abstatten. Dazu geht oder fährt man an der kleinen Straße Richtung Siedlung an der oben bereits erwähnten platzartigen Erweiterung nicht rechts zur Siedlung sondern „links geradeaus", dem Wegweiser Santa Katharina folgend. Nach ein paar hundert Metern kommt auf der rechten Seite die Mauer und die Einfahrt zu einem sehr großen Steinbruch.

Direkt am Ende der Mauer nach dem Gelände verlässt ein Feldweg nach rechts die geteerte Straße. (Das Befahren ohne Geländewagen ist eher nicht zu empfehlen.) Dieser Feldweg verläuft durch ein altes Gehöft und dann praktisch direkt am Rand des Steinbruches entlang, interessante Einblicke gewährend, und endet nach einer Links- und wieder Rechtskurve an einem auffallend schönem, instand gesetztem „Girna", einer aus Steinen geschlichteten Hütte, wie sie typisch ist für Malta.

15 m westlich des Girna in den Gärten ist einer der Eingänge zur *Ghar tal-Iburdan,* einer sehr interessanten Wohnhöhle. Man kommt in eine niedrige Kammer von immerhin 20 m im Durchmesser, ein anderer Eingang liegt direkt im Steinbruch!

Ausgrabungen in den 70er Jahren haben nachgewiesen, dass die Höhle in byzantinischer und römischer Zeit bewohnt war! Römische Reste gibt es ja mehrere auf Malta, die Höhlenwohnungen dagegen sind für die römische Zeit ungewöhnlich – allerdings gibt es auch hier noch andere Beispiele auf Malta. Im Zweiten Weltkrieg wurden die Höhlen von den Bewohnern der Gegend wieder als Zuflucht genutzt.

Weitere Entdeckungen „am Rande"

Zurück an der Hauptstraße empfiehlt sich ein kleiner Abstecher nur 500 m nach Süden, dort erreicht man die Abzweigung nach Dingli. An dieser Stelle sind in der Karte *Felsengräber* verzeichnet. Nahe der Straße liegen einige dieser Eingänge, daneben ziemlich versteckt auf einem Privatgrundstück offensichtlich auch heute noch genutzte *vermauerte Höhlen*.

In einem Trockental südlich Rabats liegt noch die aus Fledermausschutzgründen verschlossene *Ghar Tal-Inkwizitur*.

Lohnen kann ebenfalls ein Besuch in Bahrija, ein Stück westlich gelegen, ziemlich an der Küste, aber noch in den Gemeindegrenzen von Rabat. An seiner Südseite liegen das *Qlejja Valley* und der gleichnamige Höhenzug, der mit aus dem Felsen gehauenen *Wasserzisternen* und *Silos aus der Bronzezeit* (etwa 1400 v. Chr.) durchsetzt ist. Diese Überreste der Bronzezeit erreicht man, indem man einen ziemlich steilen, zerklüfteten Hügel hinaufsteigt, doch die Kletterei lohnt sich allein schon wegen des Ausblicks. Die wichtigsten Funde des Ausgrabungsortes werden im Archäologischen Museum von Valletta ausgestellt (zumindest wenn der Umbau irgendwann beendet sein sollte).

Ein Abstecher nur wenige Kilometer nach Nordnordosten von Rabat schließlich könnte nach Mosta führen. Der Name der Stadt stammt aus dem Arabischen *musta*, was so viel wie Zentrum bedeutet. Dort wird dem Besucher die riesige, im Jahr 1860 vollendete Kirche, die Mosta Rotunda, mit der drittgrößten freitragenden Kuppel Europas auffallen.

Mosta wird mit verschiedenen Legenden in Verbindung gebracht, die den Bau kleiner Andachtskapellen anregten, unter anderem der *Höhlenkapelle von St. Paul the Hermit* in einem malerischen Tal etwas außerhalb. Im Gebiet von Mosta gibt es auch prähistorische Funde, etwa die *Katakomben unter Fort Mosta* und Dolmen aus der Bronzezeit. Mosta liegt außerdem in den Victoria Lines, der von den Briten entlang des Gebirgskamms Great Fault errichteten Befestigungsanlage – davon ist im nächsten Weg die Rede ...

Weg X
Victoria-Lines und Mgarr
– Die vergessene Festung –

Quer durch die Insel, von Fomm-ir Rih nach Fort Madliena, verläuft eine kleine geologische Verwerfung, der Gebirgskamm Great Fault. Der Malteserorden errichtete um 1722 entlang dieser Linie einige Spähtürme und Schutzräume für Soldaten. Als die Engländer Malta im Jahre 1800 besetzten, gerieten diese Anlagen zunächst in Vergessenheit. Doch nachdem 1875 drei Forts entlang des Verwerfungskammes gebaut worden waren, wurde damit begonnen, die alten Türme mit Hilfe einer Mauer zu verbinden. Im Jahre 1897 waren diese Arbeiten vollendet und das Bollwerk wurde zu Ehren Königin Victorias, die damals ihr 60-jähriges Thornjubiläum feierte, „Victoria Lines" genannt.

Die Mauer war als Schutzwall gegen feindliche Übergriffe von Norden gedacht, musste sich jedoch nie bewähren, da durch die britische Marineüberlegenheit niemals eine ernsthafte Angriffsgefahr bestand. Ab 1907 verlor sie vollends ihre Bedeutung. Die Victoria Lines zerfielen mit der Zeit – stellen aber andererseits ein historisches Denkmal von Bedeutung dar. Am 27. August 1998 wurde sie daher (vorerst provisorisch) in die Liste des UNESCO-Weltkulturerbes aufgenommen.

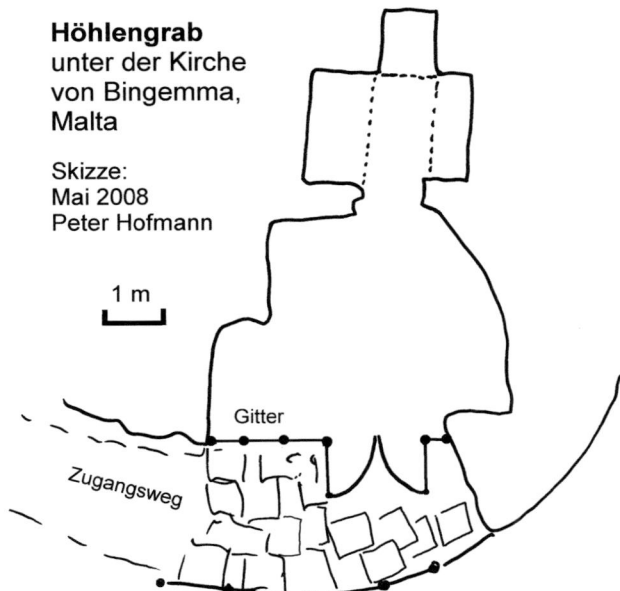

Höhlengrab
unter der Kirche
von Bingemma,
Malta

Skizze:
Mai 2008
Peter Hofmann

1 m

Gitter

Zugangsweg

Auf der Höhe von Dwerja ist es gut möglich, für einige Kilometer auf den Victoria Lines selbst zu wandern. Die *Dwerja Lines*, wie dieses Teilstück auf den Karten meist heißt, sind die am besten erhaltenen und eindrucksvollsten Teile der Maueranlage.

Eine Wanderung beginnt man am Besten an der Kirche von Bingemma, auf allen Karten als Bingemma-Chapel eingezeichnet, eine nette Straßenrandkirche, die der Madonna von Ittria geweiht ist.

Direkt unterhalb der Kirche, über ein paar Stufen rechts hinunter zu erreichen, sieht man das erste *punischen Grab* im Fels. Der ausgehauene Höhlenraum selbst (in Erweiterung einer natürlichen Höhle?) ist durch ein Gitter geschützt.

Weitere Gräber sind in der Felswand gegenüber auszumachen; eigentlich überall in dieser Gegend gibt es sie. Besonders viele punische Gräber liegen unterhalb des Bergkamms in einem Tal mit dem passenden Namen *Valley of Tombs*. Die Wände sind geradezu durchlöchert.

Eine Wanderung über die Befestigungsanlage selbst beginnt etwa 100 m oberhalb der Kirche direkt bei dem Ortsschild. 10 m neben dieser Stelle in dem Areal neben der Straße gibt schöne Beispiele der rätselhaften Cart Ruts, hier sind sie noch verblüffender als anderswo, denn sie führen steil bergauf.

An den Victoria Lines:
oben: Kirche von Bingemma mit Grab links
Mitte: Eingang des punischen Grabes
unten: Blick ins Tal von der Kirche aus
         (rechts oben ein Stück der Mauer)

Vom Ortsschild geht man hinunter zu der Befestigungsmauer, der Weg auf den Befestigungslinien ist an dieser Stelle recht reizvoll, plötzlich wird aus der Mauer mit Schießscharten eine begehbare Brücke, die sich ins Tal herunterschlängelt und etwas wie eine Miniaturausgabe der Chinesischen Mauer wirkt. In der Talsohle wird der Blick frei auf **Katakomben** und ein in den **Fels gehauenes Columbarium**, einem Taubenschlag aus der Römerzeit.

Auf der anderen Seite kann man wieder hinaufsteigen und die Befestigung ein gutes Stück noch verfolgen. Allzu viel sollte man sich aber vom weiteren Verlauf nicht erwarten, die spannendste Stelle hat man hinter sich gelassen. (Gehfaule können die nächste kleine Straße nach links nehmen und stoßen dann nach etwa 2 Kilometer wieder auf die Mauer, dort mündet ein Feldweg, auf dem man an der Mauer entlang zurückfahren kann – das letzte Stück aber nur mit einem Auto mit ausreichender Bodenfreiheit!)

Bunker in Mgarr

Auf dem Weg in den Norden wird man die stille Ortschaft Mgarr besuchen. Eine Sehenswürdigkeit, erst seit kürzerer Zeit geöffnet, stellen die **Mgarr Shelters** dar.

Der Zugang ist etwas kurios direkt durch das Restaurant Il-Barri, das man am Besten gleich zur Mittagspause benutzt. Immerhin sind die Räume kostenfrei zugänglich. Das Restaurant liegt direkt am Hauptplatz mit der großen Kirche, rechts der Stufen (bei Blickrichtung zur Kirche).

Dabei handelt es sich um Bunkeranlagen aus dem zweiten Weltkrieg, 12 m unter der Erdoberfläche gelegen und immerhin 225 m lang und damit eine der größten unterirdischen Anlagen dieser Art. Sie sind ausschließlich mit Handarbeit komplett aus dem Globigerinenkalk herausgearbeitet. Originale Einrichtungsgegenstände sind noch vorhanden.

Bunker Mgarr
Öffnungszeiten: Di. bis Sa. 9.00 - 14.00, So. 9.00 - 11.30 Uh
Montags geschlossen
Besuchsdauer: beliebig

Weg XI
Mellieha
– Stadt der Höhlenkirchen –

Nähert man sich dem Ort Mellieha von Süden, steigt die Straße Nr. 1 in einer S-Kurve aus dem Mistra Valley zum Ort hinauf. Das Tal ist beidseitig teilweise geradezu übersät mit kleineren Höhlen, die früher zweifellos zu Wohnzwecken hergerichtet worden sind, heute, wenn überhaupt, noch landwirtschaftlichen Zwecken dienen. Einzelne Eingänge sind ebenfalls bereits von der Straße auszumachen. Im Tal führen sowohl östlich als auch westlich kleine Sträßchen ab, die an Eingängen vorbeiführen.

Die Höhlenkirche von Mellieha

Mellieha liegt an der gleichnamigen Bucht, das Zentrum befindet sich aber am höchsten Punkt des Höhenrückens und damit ein ganzes Stück vom Meer entfernt.

Der Ort besitzt eine interessante Ansammlung von Kirchen. Die weithin sichtbare und beherrschende Pfarrkirche „Our Lady of Victories", einem Wallfahrts- und Gnadenort aus der Mitte des 19. Jh. steht bedeutungsmäßig im Schatten der unterhalb gelegenen Kirche „The Shrine Of Our Lady".

Pilgerziel ist diese interessante Kirche schon seit der Zeit der Johanniter. Das Altarbild wird besonders verehrt, es zeigt eine Madonna mit Kind. Einer Legende nach soll der Evangelist Lukas eigenhändig eine Mariendarstellung auf die Steinwand gemalte haben. Das heute noch sichtbare Bild stammt aber aus dem 12. und 13. Jh. Weihgaben in der Sakristei gehen teils bis ins 17. Jahrhundert zurück.

Bereits in dieser Kirche lassen sich Höhlenanklänge finden, von der Sakristei zur Kirche führt ein Gang an einer in den Fels gehauenen Kammer vorbei, hier wurden früher

IL-MADONNA TAL-GHAR

OUR LADY OF THE GROTTO

die Öl-Opfergaben der Gläubigen aufbewahrt, bis das Öl gebraucht wurde. Parallel zum Kirchenschiff gibt es einen langen, hohen Raum, sozusagen zwischen Kirchenwand und gewachsenem Fels. Heute ist dort eine kleine Fotoausstellung zur Renovierung sowie als Erinnerung an den Besuch des Papstes Johannes-Paul II 1990 untergebracht.

Die interessanteste Sehenswürdigkeit des Ortes in unserem Sinne ist die ***Höhlenkirche Il Madonna Tal-Ghar, „Our Lady of the grotto"***. Auf Höhe des Zuganges

Unterirdisches Mellieha:
oben: Kirche "The Shrine Of Our Lady"
Mitte: Höhlenkirche Il Madonna Tal Ghar
unten: In den Bunkeranlagen von Mellieha

zum Platz vor der Walfahrtskirche führen einige Stufen zur Straße und auf der anderen Straßenseite durch ein Tor 70 Stufen nach unten zur Grotte. (Bei einem Blick auf die Felswand auf der anderen Talseite erkennt man zahlreiche Höhlungen, die teils überbaut sind und offensichtlich heute noch gut genutzt werden.)

Der Ursprung dieser Kirche geht noch auf arabische Zeit zurück. Die in den Fels gehauenen Chorapsis ist von einem älteren Bau erhalten geblieben.

Im Zentrum der Höhle ist eine Quelle gefasst. Deren Wasser wird wunderbare Heilkraft vor allem bei Krankheiten von Kindern zugeschrieben.

Kinderkleider, als Dank für Heilungen hierhergebracht, zieren überall die Wände. Eine ungewöhnliche, sehenswerte Höhlenkirche!

Die Bunker von Mellieha

Wer des Unterirdischen nicht genug bekommen kann, sollte das Schild links vor dem Eingang der Wallfahrtskirche beachten, es geleitet zu den erst seit 2004 zugänglichen *Mellieha Shelters*. Auch hier handelt es sich um Bunkeranlagen aus dem 2. Weltkrieg, 12 m unter der Oberfläche und mit etwa 500 m so ausgedehnt, dass

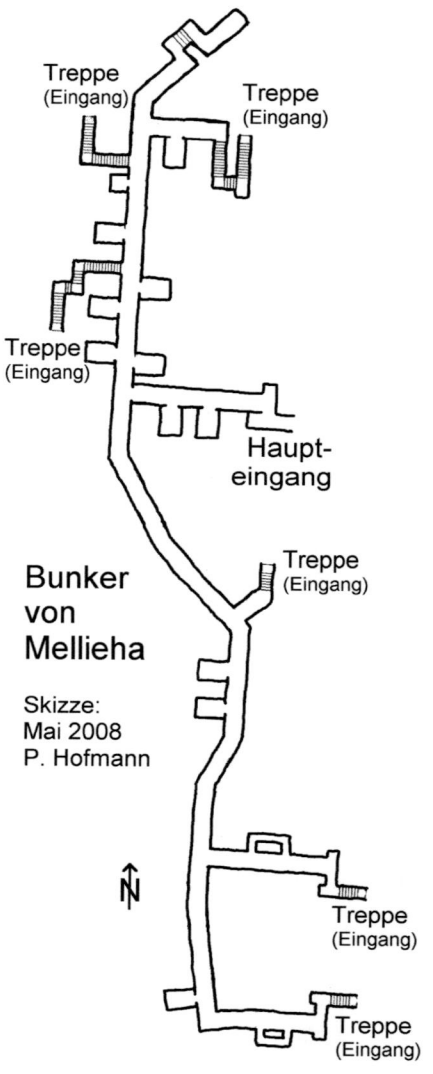

Treppe
(Eingang)

Treppe
(Eingang)

Treppe
(Eingang)

Haupt-
eingang

Treppe
(Eingang)

**Bunker
von
Mellieha**

Skizze:
Mai 2008
P. Hofmann

N

Treppe
(Eingang)

Treppe
(Eingang)

5.000 Flüchtlinge Platz fanden.

Die bedrückende Situation ist recht anschaulich gemacht durch die düstere Beleuchtung, dezente, aber eindrucksvolle Hintergrundgeräusche und Figuren, die in den Kammern aufgestellt sind.

Kurze Texte erläutern verschiedene Aspekte der Anlage, unter anderem die Bedingungen, unter denen die Bewohner hier aushalten mussten.

Es gab einen eigenen Abschnitt für Mütter mit kleinen Kindern, auch ein unterirdisches Lazarett. In einem eigenen Nebenraum, der „Schatzkammer", lagerten Kunstschätze aus Museen Vallettas.

Eine 5-6-köpfig Familie konnte die Erlaubnis zum Bau einer eigenen Kammer beantragen. Die Grabung musste auf der gleichen Ebene wie die öffentlichen Räume durchgeführt werden. Mit der genau vorgeschriebenen Breite von 1,80 und einem Abstand von 2,10 zu nächsten Bau. Die Räume durften nicht durch Türen verschlossen werden und der Bauschutt musste jeden Abend beseitigt sein.

Die Lebensbedingungen waren karg. Die Rationen wurden auf einen sehr niedrigen Stand reduziert. Einem Erwachsenen standen am Tag 1.400 Kalorien zur Verfügung. Mitte 1942 wurden neben Lebensmitteln auch die Munition knapp. Flugabwehrgeschütze erhielten pro Tag noch 10 Schuss.

Durch die beengten Lebensverhältnisse und die wachsende Unterernährung breiteten sich Krankheiten aus, es gab jede Art von Tuberkulose, zusammen mit der unangenehmen Krätze zählte sie zu den schlimmsten Plagen.

Am 15. April 1942 verlieh König Georg VI. das Georgskreuz an Malta zu Ehren der tapferen Einwohner. Malta ist damit das einzige Land, dem diese besondere Auszeichnung verliehen wurde.

Im Juli 1942 verzeichnete der Ort eine Einwohnerzahl von 3842 Personen, hinzu kamen 1117 Flüchtlinge aus anderen, noch schwerer getroffenen Inselteilen. Durchschnittlich stand im Inneren des Bunkers für jede Person eine Fläche von 0,56 qm zur Verfügung, die später auf 1,2 qm erweitert wurde, bedingt durch die länger anhaltenden Angriffe.

Der Wärter der Anlage ist überaus freundlich und hilfsbereit, auf Nachfrage erhält man ein Informationsblatt u. a. mit dem Grundriss der Anlage.

Bunker Mellieha

Öffnungszeiten:	Mo. bis Sa. 9.00 – 15.30
	Sonntags geschlossen
Besuchsdauer:	beliebig, ca. 30 min
Kontakt:	Our Lady of Grotto street
	Mellieha MLH06, Malta
Telefon:	+356 7952 1970
Internet:	www.mellieha.info/shelters

Die verschwundene Höhle

Auch eine verschwundene Höhle hat Mellieha zu bieten. Oldham (Oldham 2002, S. 14) erwähnt die *Mellieha Cave*, eine Höhle, die 60 m, andere Quellen sagen 200 m von der Kirche entfernt gewesen sein soll. Sie wurde 1840 bei der Anlage einer Straße zum Friedhof entdeckt und im Zuge der Bauarbeiten zerstört. Sie soll Tropfsteinschmuck enthalten haben. Offensichtlich wurde der Inhalt teils für Bauzwecke, teils für die Straßenbefestigung verwendet.

Auf dem Gelände des weithin sichtbaren Hotelkomplexes, nördlich von Mellieha auf der anderen Seite der Bucht gelegen, gibt es schließlich noch die nicht zugängliche *Ghar Baqurat*, auf der f&b-Straßenkarte eingezeichnet.

Weg XII
Quasam Barrani
– Im Tal der Höhlen –

Verlässt man den Ort Mellieha auf der Straße Nr. 1 Richtung Norden, passiert man einen letzten Kreisel mit einer Tankstelle (südwärts zweigt die Straße 117 nach Manikata ab). Wenig später beschreibt die Straße eine S-Kurve, gleich danach rechts befindet sich eine Parkmöglichkeit an der Abzweigung eines kleinen Sträßchens zum Bauernhof San Niklaw. (Der Name ist auf der f&b-Karte verzeichnet, aber nicht das Gebäude.) Besser ist der Haltepunkt von Norden kommend anzufahren, weil dann in Fahrtrichtung (links!).

Maltas größte Wohnhöhlen

Von hier sieht man in der Wand der von Südosten einmündenden Schlucht das große Portal einer *befestigten Höhle,* eine mehrere Meter hohe Steinmauer „bewacht" den Zugang. Weiter am Fels entlang gibt es jede Menge Eingänge, die ebenfalls teils mit Trockenmauern verbaut sind.

Fährt man die Straße weiter und blickt nach ein paar 100 m zurück, erkennt man auf der gegenüberliegenden Wandseite ein noch eindrucksvolleres Portal einer *Wohnhöhle* von über 20 m Höhe, darin steht ein zweistöckiges Haus, ein weiteres turmartiges Gebäude steht rechts davor!! Ein bisschen drängt sich fast der Vergleich mit Burg Predjama in Slowenien aus – sozusagen eine Miniausgabe …

Maltas zweifellos imposanteste „Höhlenwohnung" bei Quasam Barrani

Das Hinkommen ist nicht ganz so einfach, es gibt nur verschlungene Pfade durch die Gärten – von der vorhin erwähnten Abzweigung aus, man kann einen der Bauern fragen, die meist dort arbeiten. Der Weg zum ebenfalls erwähnten Gehöft ist mit Vorsicht zu genießen, der Hund des Hofes ist ziemlich leicht erregbar und nicht angeleint …

Die Umgebung freilich lohnt die Erkundung. Im Talgrund gibt es eine Quelle, dessen Wasser über steinerne Rinnen eine ganze Strecke zu einem Becken geführt wird. Eine Szenerie, so hat man das Gefühl, in der die Zeit seit den Römern stehen geblieben ist.

Die nächste Abzweigung an der Straße Nr. 1 Richtung Norden führt (ausgeschildert) zum „Popeye-Dorf", einer Filmkulisse, die heute touristisch genutzt wird.

Nahe des Popeye-Dorfes liegt die **Anchor Bay Cave**. Von der Anlegestelle erreicht man sie schwimmend, den Klippen links folgend. Nach einem Tauchgang von 20 m in 3 m Tiefe soll eine lufterfüllte Kammer von 30 m Durchmesser kommen (nach Goodwin 1996, S 35; Middelton 1997, S. 64-67).

Ganz im Norden

Nur wenig weiter nach Norden erreicht man den nördlichsten Inselabschnitt, der quer liegende Höhenrücken heißt Marfa Ridge.

Im Kamm befinden sich eine ganze Reihe von kleineren Höhlen, die **Marfa Ridge Caves**. viele mit Mauerwerk im Inneren, offensichtlich also auch ehemalige Wohnhöhlen. Eine liegt direkt am Red Tower, einem Aussichtspunkt (der gewaltige Verteidigungsturm selbst kann auch besichtigt werden) nicht weit westlich der Überlandstraße, allerdings mit einem Eingang von nur 1 m Höhe und einer Länge von nur 3 Metern – zudem vermüllt.

Lohnend ist die Weiterfahrt westwärts auf ziemlich schlechter Straße am Tower vorbei bis zum Ende an einer Radarstation. Dort kann man an den nördlichen Klippenrand vorgehen (Vorsicht, überhängender Fels!!) und zurückblickend eine Reihe von Höhlen unterhalb des zwischen 30 und 50 m hohen Klippenabbruches sehen, zugänglich in vermutlich mühsamer Suche von unten.

Auf halbem Wege zwischen Turm und Ende führt die Straße nahe an die Abbruchkante heran, von hier zurückschauend kann man wieder diverse Höhlungen einsehen. Einen beachtenswerten Punkt für sich bieten die Bodenformationen – typische karstige Erosions- bzw. Korrosionsstrukturen!

Der Ahrax Point schließlich ist der nördlichste Punkt Maltas. Ganz in der Nähe befindet sich eine große **Unterwasserhöhle** 14 m breit und 25 m lang (Middelton 1997, S 26 – 39). Sie soll nicht schwer zu finden sein, aber ihre Tücken für Taucher haben.

Nach Middelton soll sich in der Nähe eine **weitere Höhle** befinden, die eine fast lebensgroße Marienstatue enthalten soll. Möglicherweise sind diese beiden Höhlen aber auch identisch – oder das Objekt mit sehr großem Eingang ist gemeint, das verschiedene Schiffs-Ausflugsveranstalter mitnehmen, wenn sie nach Comino übersetzen. Dann wird die Höhle als **Schmugglerhöhle** bezeichnet. Doch darüber mehr im nächsten Weg!

Ein Geheimnis für Forscher

Damit hat der Eifrige nun wahrlich einige der Höhlen Maltas gesehen. Wem es noch nicht reicht, der kann sich ja auf die Suche nach „verschollenen Schätzen" machen. Die gibt es natürlich auch.

Oldham erwähnt in den „Anmerkungen" seines Höhlenbuches einen solchen Platz, den er wiederum in anderer Literatur gefunden hat, ausnahmsweise seien diese Passagen einmal im Original zitiert:

Shaw 1952 mentions **Wied Hanzir Cave**. *"The little cave at the junction of Wied Hanzir and Wied il Kebir, in the centre of Malta, ... It is very small, not more than 76 feet* [23 m] *long, and at least part of it has been excavated by hand in the soft rock. The entrance lies a few feet above the valley floor and has been shaped into a rectangular doorway 7 feet* [2 m] *wide by 5 feet* [1.5 m] *high. Inside, it opens into a chamber 48 feet* [14.6 m] *by 27* [8.2 m]. *It is highest in the centre where a fissure in the roof appears to be natural, but the walls have been cut back artificially, and both sides have been decorated by vertical ribs a little less than a foot* [30 cm] *wide and separated by recesses of about the same size. At the farther end of the chamber the pick marks on the walls cease and a natural passage continues for 28 feet* [8.5 m] *before being completely blocked by a boulder choke."*

(Oldham 2002, S 28)

Weg XIII
Die Insel Comino
– Höhlen auf kleinstem Raum –

Der winzige Insel Comino zwischen Malta und Gozo wird man auf den ersten Blick kaum höhere speläologische Kompetenz zutrauen. Erstaunlich, dass in der Literatur doch zwei Objekte erwähnt werden.

Eine Höhle mit drei Eingängen, genannt **Comino Cave** mit einer großen Unterwasser-Kammer und insgesamt 22 m Tiefe soll es geben (Middleton Seite 128-131), aber wo genau?

Auch soll in der südwestlichen Ecke namens Ras i-Irqieqa ein **Schacht** immerhin 36 m in die Tiefe führen.

An der nördlichen Küste ist auf der F&B Straßenkarte noch eine Meereshöhle **Ghar Ghana** eingezeichnet.

Und an ganz unvermuteter Stelle wird man ebenfalls fündig – an den Werbepostern mancher Ausflugsveranstalter. Wie im vorherigen Kapitel angedeutet, bieten einige Agenturen einen Tagesausflug mit längerem Badeaufenthalt nach Comino an.

Und siehe da, sie berühren dabei neben der bereits im letzten Kapitel erwähnten Schmugglerhöhle an der Nordecke Maltas noch weitere drei Meereshöhlen auf Comino. Diese sind die **Santa Maria Höhlen** in der nördlich gelegenen Santa Maria Bucht sowie die **Popeye's Cave** und die **Crystal Lagoon Caves** in der wiederum gleichnamigen, ausgeprägten Bucht an der Westseite.

Fotos der Höhlen schmücken die Werbeplakate und vermitteln den Eindruck von relativ großen Brandungshöhlen.

Schade nur, dass der Veranstalter Oh-Yeah-Cruises aus Mellieha im Büro nicht anzutreffen war, seine Website abgeschaltet hat und auch auf unser wiederholtes Anschreiben nicht reagiert hat. Handelt es sich nur um Desinteresse, Schlamperei oder gar um Geisterhöhlen?

Wieder ein Geheimnis mehr…

Weg XIV
Die Insel Gozo
– Ein grandioser Auftakt –

Wie Eingangs schon erwähnt ist Gozo wesentlich kleiner. Es besitzt eine Fläche von gerade einmal 64 km^2, die meisten Orte liegen auf den höchsten Punkten der Hügel, die immerhin bis zu 200 m aufragen und der Insel ein ausgeprägtes Profil verleihen.

Daneben gibt es doch eine relativ große Zahl von Höhlen, alle im Kalk. Da die Schichten waagerecht liegen, sind auch die Höhlen in der Regel eher horizontal ausgeprägt.

Beachtenswert ist daneben eine Anzahl von Tälern, wie auf Malta handelt es sich um frühere Flusstäler. Im letzten Weg wird von so einem Tal die Rede sein.

Überwältigende Tempelarchitektur ...

Den reizvollen Ort Xaghra wird man vermutlich zuerst ansteuern, hauptsächlich wegen der großartigen Tempelanlage von Ggantija. Die prähistorischen Tempel sind zwar nicht Gegenstand dieses Buches, aber der Hinweis darauf erscheint doch obligatorisch, zumal speläologisch auch etwas zu holen ist.

Die Tempelanlagen von Ggantija gelten als die ältesten Groß-Bauwerke, die der Mensch errichtet hat, zwischen 3.600 und 3.000 Jahre v. Chr. Beeindruckt steht man vor den imposanten Steinresten – die Außenmauer ragt heute noch 6 m auf, die Tempel sollen insgesamt 16 m hoch gewesen sein – und fragt sich, wie der prähistorische Mensch die gewaltigen Steine bewegen und aufrichten konnte, und das allein zur Ehre einer höheren Macht? War er nicht, nach unserem Verständnis des Urmenschen, maßgeblich damit beschäftigt, seinen Lebensunterhalt zu sichern? Man vermutet, dass damals auf Gozo kaum mehr als 500 Menschen lebten, und über 25 Jahre alt wurden die wenigsten dieser Bewohner ...

Kaum irgendwo sonst in Europa zeigt sich Vorgeschichte so eindrucksvoll auch für den Laien.

Interessanterweise befindet sich direkt im Ausgrabungsgelände (neben dem Weg, der die Anlage umrundet und gut beschildert) die ***Ghar Tat-Tramuntana*** oder ***North-Cave***. Sie hat eine Länge von 20 m, und wurde erst 1949 entdeckt. Über eine Rampe erreicht man eine Kammer, die künstlich erweitert wurde.

Eingang zur „North-cave"

Möglicherweise wurde sie ursprünglich als Grab verwendet, während der Tarxien-Phase (ca. 3000 bis 2500 vor Chr.) hat sie vielleicht aber auch als Abfallgrube für die Tempel gedient. Aus dieser Phase wurde jedenfalls viel Material gefunden, aber auch Keramik aus der älteren Ggantija-Phase (ca. 3600-3000 vor Chr.).

Die Höhle ist komplett ausgegraben und präsentiert sich heute als Felsentunnel von 1,5 m Höhe und Eingängen an jedem Ende.

... und die Lösung eines archäologischen Krimis

Nur 300 m westlich von Ggantija, links neben der Vjal Tmienaj ta´ Settembru, der Hauptstraße, die nach Xaghra führt, liegt die *Ghar ta´Gejzu*.

Diese ungefähr 13 m lange Naturhöhle, an der breitesten Stelle 6 m breit, hat zwei Eingänge. Bei Ausgrabungen 1933 entdeckte man auch dort zahlreiche Scherben aus der Ggantija-Phase.

Nur wenig westlich der Höhle ta´Gejzu befindet sich eine bemerkenswerte archäologische Stätte, der Xaghsa Stone Circle oder Brocktorff Circle. Er beher-

Der Steinkreis, „Brocktorff-Circle", zur Zeit der ersten Ausgrabung.

Links zu sehen der Eingang zur Höhle.

(Aquarell von Charles de Brocktorff, ca. 1820)

bergt unter anderem das zweite *Hypogäum*, also unterirdische Heiligtum Maltas, dessen Existenz kurz in Weg 2 schon erwähnt wurde.

Das Areal ist nicht zugänglich und wird noch erforscht, seine Geschichte aber kann man fast schon als Krimi bezeichnen.

Einst handelte es sich um einen Kreis aus Megalithen, fast 120 m im Umfang, die einzelnen Megalithen jeweils über 2 m groß. Auf diesen Kreis wurde der britische Offizier Otto Beyer Anfang des 19. Jh. aufmerksam, er leitete die komplette Freilegung des Ggantija-Tempels. Er ließ auch hier graben und fand eine Kultanlage. Man spekulierte schon damals, dass die Anlage ähnlich wie Stonehenge, für astrologische Zwecke erbaut und verwendet wurde.

Glücklicherweise, so muss man sagen, weilte 1828 ein Maler, der Deutsche Karl Friedrich von Brocktorff auf Gozo und malte verschiedene archäologische Stätten, darunter auch den Steinkreis. Auf seinem Bild ist sogar der Eingang zu dem Hypogäum zu sehen, das sich im Inneren des Kreises befindet. Diese Aquarelle befinden sich heute in der Nationalbibliothek in Valletta.

Brocktorff hat zweifellos damit die Kenntnis über diese Stätte der Nachwelt erhalten, denn nach dem Abzug von Beyer und seiner Mannschaft haben die Bauern das gesamte Gelände wieder eingeebnet und zu Feldern gemacht. Und schlimmer noch: Die Monolithen wurden restlos entfernt und als Baumaterial verwendet. Eine prähistorische Stätte von Weltrang war vernichtet und geriet vollständig in Vergessenheit!

Eigenartigerweise fragten sich auch erst gute 100 Jahre später Wissenschaftler, wo denn die Motive der Aquarelle Brocktorffs gewesen sein könnten. 1965 gelang es, denn Ort zu identifizieren und erneut auszugraben.

Ähnlich wie im Hypogäum von Hal Saflieni auf der Hauptinsel Malta fand man Altäre und vor allem Unmengen von Gebeinen.

Es wird sicher noch eine Zeit vergehen, bis hier die Forschungen abgeschlossen sind, auf die weiteren Ergebnisse kann man gespannt sein.

Weg XV
Ghar Ninu und Ghar Xerri
– Überraschungen unter Häusern –

Vermutlich stattet jeder Tourist danach erst einmal dem Ort Xaghra selbst einen Besuch ab, in den Lokalen direkt am Hauptplatz vor der imposanten Kirche lässt sich ganz gut eine (Mittags-)pause einlegen. Dann hat der Ort noch eine – oder besser gesagt zwei – nette Überraschungen parat!

Zwei Höhlen unter Häusern

Ghar Ninu (Ninu's Cave) ist eine von zwei Höhlen, die direkt in Xaghra selbst unter Wohnhäusern liegen. Sie befindet sich unter dem Haus Nr. 15 in der January Street, vom Hauptplatz gut ausgeschildert.

Die Höhle wurde 1888 von Guzepp Rappa beim Brunnenbau entdeckt und hat farbenfrohe Alabaster-Stalaktiten und Stalagmiten. Sie besteht nur aus einem einzigen Raum, 24 m lang und 8 m breit, durch die zahlreichen Tropfsteine hat man aber den Eindruck, es geht weiter. Offensichtlich war die Höhle ursprünglich noch prächtiger geschmückt, denn man sieht leider viele Abbruchstellen von zerstörten Sinterbildungen. Die Höhle ist heute völlig trocken und nicht mehr aktiv.

Entsprechend kurz fällt die Besichtigung aus. Eigentlich kann man nur vom Ende der Treppe aus, von Gittern umgeben, sich um die eigene Achse drehen und das Szenario bewundern.

Besucher werden von einem Familienmitglied begleitet, meist der Enkelin des Entdeckers – allein dadurch, dass man erst einmal das Wohnzimmer der Familie durchquert ein witziger Abstecher.

Ghar Ninu (Ninu's Cave)
    Öffnungszeiten: ganzjährig täglich 8.30-18 Uhr
    Besuchsdauer: ca. 15 min

Vielleicht noch ungewöhnlicher und damit lohnender fällt der Besuch bei der *Ghar Xerri (Xerri's Grotto)* aus, ebenfalls im Ortsgebiet, sinnigerweise am Triq L-Ghar ta'Xerri, der Zugang ist wieder gut beschildert.

Ansichten von Ghar Xerri:
Ungewöhnliche „Einstiege" und auffallend farbige Alabastertropfsteine

Die im Jahr 1923 entdeckte Höhle ist ebenfalls bekannt für ihre eigentümlichen farbigen Alabaster-Tropfsteine, sie ist insgesamt größer und abwechslungsreicher als ihr Pendant.

Das Objekt befindet sich in einer Tiefe von neun Metern und wird über eine steile Wendeltreppe betreten, die schon eine Sehenswürdigkeit für sich darstellt. (Tipp: Foto direkt von oben auf die Treppe - witzig!) Dann kann man einen Rundgang von etwa 30 m machen.

Der Besuchergang ist durchgehend ausgegraben, denn Teile der Höhle mit schönem Sinterschmuck sind nur 25 cm bis 1 m hoch. Interessant sind einige Formen die durch Übersinterung von Baumwurzeln entstanden sind!

Die Decke der Höhle ist flach, aber von einigen parallelen Rinnen durchzogen, die anscheinend nicht durch das Wasser entstanden sind. Man kann annehmen, dass sie die Initialkanäle darstellen, entlang derer sich die Höhle entwickelt hat und die damit die Richtung vorgegeben haben.

Teile des Höhleninhalts wurden während des Zweiten Weltkriegs entfernt, da die Familie der Eigentümer die Höhle als Bunker benutzte.

Die Eigentümer veranstalten normalerweise eine kurze Führung, in der sie auf die ungewöhnlichen geologischen Formationen hinweisen.

Viele haben die üblichen Fantasienamen der Tiere und Statuen, an die sie erinnern sollen – den Kindern gefällt dieses Suchspiel immer wieder!

Ghar Xerri (Xerri´s Grotto)
  Öffnungszeiten: ganzjährig Mo. bis Samstag von 09.00 - 18.00 Uhr
  Besuchsdauer: 30 min.
  Telefon: +356 21560572

Auf dem Weg ...

Als Nächstes bietet sich der Besuch der Höhle der Calypso an. Auf dem Weg dorthin kann man noch ein Objekt mitnehmen.

Der kleine Führer von Bonanno (Bonanno 2002, S. 53f) erwähnt die Höhle *Ghar ta´Pergla*. Sie erreicht man den Schildern zur Calypso-Höhle folgend bis zum Platz Triq Masri, dort links nordöstlich Richtung Pergla-Tal. Die Höhle befindet sich an der Ostseite des Platzes Triq tal-Kaccaturi.

Als man sie 1913 (wieder-)entdeckte, bestand sie aus einer 13 m langen Galerie, die sich in nordöstlicher Richtung erstreckt. Der Eingang war kreisrund, etwa 1 m im Durchmesser und mit einem großen Stein verschlossen.

Bald startete man Ausgrabungen und fand Keramik aus der Ggantija und Tarxien-Periode, also 2.400 bis 2.800 vor Chr. Daneben fanden sich zahlreiche Tierknochen und ein fast vollständiges menschliches Skelett.

Das ganze Areal um die Höhle ist auch heute noch interessant und hat vermutlich noch nicht alle Geheimnisse preisgegeben. Für den Höhlenfreund lohnt auch ein Blick auf einige Halbhöhlen in der Nähe, einige mit Mauern versehen.

Weg XVI
Höhle der Calypso
– Zu Besuch bei der Nymphe –

Nicht versäumen darf man den Besuch eines Objektes auf Gozo, das für das Schwerpunktthema dieses Buches, Mensch & Höhle, prädestiniert ist wie kaum ein anderes – und nebenbei noch echtes Höhlenerlebnis vermittelt …

Ein „sagenhaftes" Objekt

Die vermutlich berühmteste Höhle von Gozo, die in keinem Reiseführer fehlt, ist die *Höhle der Calypso* etwas oberhalb der Ramla-Bay, nicht weit von Xaghara. Vom Hauptplatz führen Wegweiser zur Höhle, am Besten, man folgt diesen.

Die Nymphe Calypso wurde ja bekanntlich Odysseus auf seinen Irrfahrten zurück von Troja fast zum Verhängnis, 7 Jahre soll er mit ihr in einer Höhle verbracht haben. Die Nymphe hätte ihn wohl gerne ganz behalten, aber schließlich konnte sich Odysseus losreißen und kehrte zu seinem Eheweib Penelope zurück.

Die Episode mit der Nymphe soll eben auf Gozo stattgefunden haben – so die Version der Malteser. Dass der Schauplatz der Geschichte, wie andere Stätten der Odyssee auch, höchst unsicher ist, ficht natürlich die Malteser nicht an und eine Diskussion tut auch an dieser Stelle nichts zur Sache.

Homer, der Dichter des Epos, beschreibt die Höhle der Nymphe Calypso als Labyrinth, das bis auf das Niveau des Meeres hinabreichte und umgeben war von den vielfältigsten Gewächsen – ein Garten Eden auf Erden sozusagen:

> *„Als er zur Insel gelangte, der ferne gelegnen,*
> *Trat vom veilchenfarbenen Meer er über aufs Festland,*
> *Ging und gelangte zur großen Grotte, in welcher die Nymphe*
> *Wohnte, mit schönen Flechten, und traf sie gerade darinnen. ...*
> *Draußen war grünender Wald rings um die Grotte gewachsen,*
> *Erlenbäume und Pappeln und duftende, dunkle Zypressen.*
> *Dort rankte sich um die gewölbte Grotte ein Weinstock,*
> *jugendlich frisch, mit prangendem Laub und strotzend von Trauben.*
> *Und vier Quellen sprudelten dort mit schimmerndem Wasser*
> *Nebeneinander hervor und rannen dann hierhin und dorthin.*
> *Ringsum blühten da üppige Wiesen mit Veilchen und Eppich.*
> *Ja, das würde auch ein Unsterblicher, käm´ er des Weges,*
> *Voller Staunen betrachten und Freude empfinden im Herzen.."*
>
> (Homer, Ilias, 5. Buch).

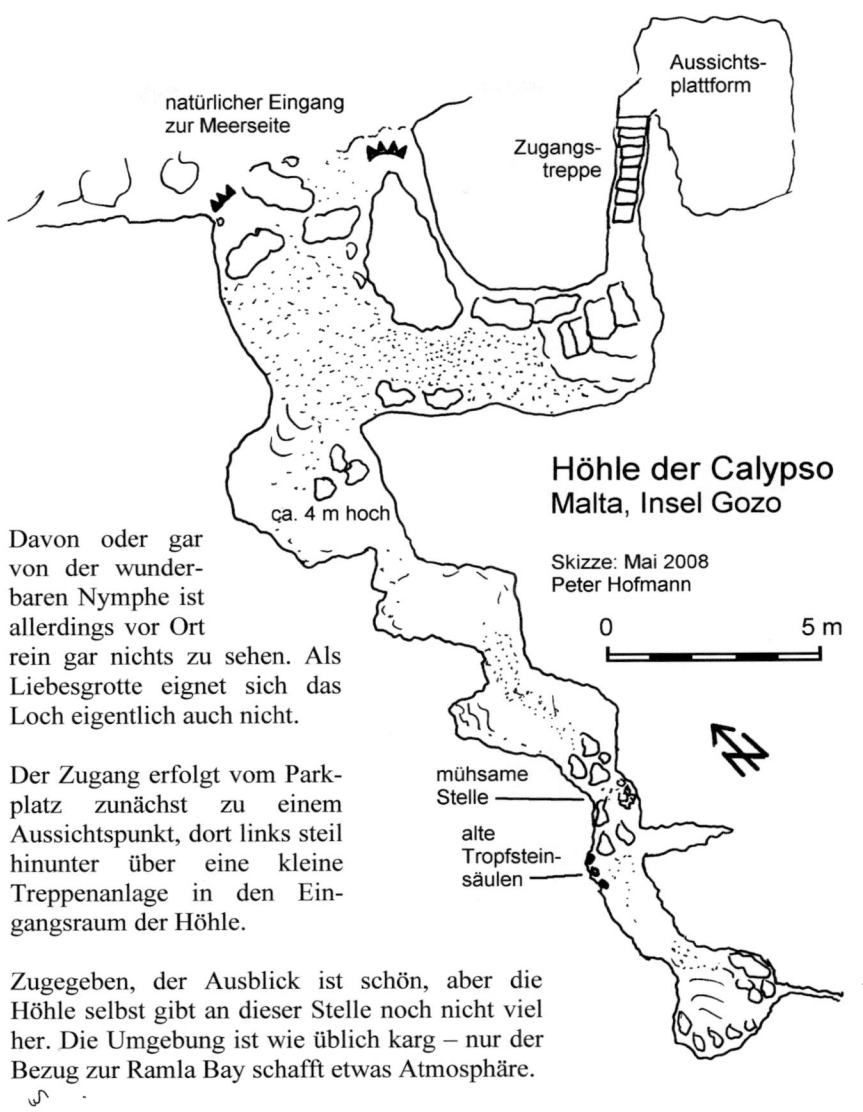

natürlicher Eingang
zur Meerseite

Aussichts-
plattform

Zugangs-
treppe

Höhle der Calypso
Malta, Insel Gozo

Skizze: Mai 2008
Peter Hofmann

0   5 m

ca. 4 m hoch

mühsame
Stelle

alte
Tropfstein-
säulen

Davon oder gar von der wunderbaren Nymphe ist allerdings vor Ort rein gar nichts zu sehen. Als Liebesgrotte eignet sich das Loch eigentlich auch nicht.

Der Zugang erfolgt vom Parkplatz zunächst zu einem Aussichtspunkt, dort links steil hinunter über eine kleine Treppenanlage in den Eingangsraum der Höhle.

Zugegeben, der Ausblick ist schön, aber die Höhle selbst gibt an dieser Stelle noch nicht viel her. Die Umgebung ist wie üblich karg – nur der Bezug zur Ramla Bay schafft etwas Atmosphäre.

Im Hintergrund liegt der eigentliche Eingang, kaum 2 m breit und gut 1 m hoch. Naturgemäß schauen die meisten Besucher kurz hinein und treten dann, vermutlich etwas enttäuscht, den Rückweg an.

Dabei lohnt das Durchkriechen vielleicht doch. Es schließt sich eine kleinere Kammer an, dann setzt sich der Gang recht abwechslungsreich fort. Mit entsprechendem Licht ausgerüstet lässt er sich immerhin noch ca. 20 m verfolgen, so dass die ganze Höhle etwa 25-30 m misst.

Im hinteren Teil wird es an einer Stelle ein klein wenig mühsam, über einige größere Blöcke muss man sich quälen. Gleich danach sind rechts einige Tropfsteinansätze zu sehen, gegenüber setzt der einzige kleine Seitenast der Höhle an, allerdings kaum zwei Meter lang.

Kurz danach ist dann eine kleine Schlusskammer erreicht, weitere Fortsetzungen gibt es nicht und das Vergnügen ist endgültig zu Ende.

Ein versöhnliches Fazit

Der Besucher bemerkt mit Wohlwollen, dass die Höhle vergleichsweise sauber ist und daher die Befahrung eigentlich recht angenehm.

Also keine Nymphe, aber speläologisch doch noch bis zu einem gewissen Grad ergiebig, es kommt sogar so etwas wie Höhlenstimmung auf. Und das Mitnehmen der Höhlenlampen hat sich endlich einmal gelohnt.

Grotte der Calypso:
oben: Blick zur Ramla Bay
Mitte: Blick aus dem Eingang
unten: Im hinteren Teil

Weg XVII
Ghar Abdul und Ghar Ilma
– Die bronzezeitlichen Wohnhöhlen Gozos –

Zwei besuchenswerte prähistorische Stätten bietet der Westen der Insel.

Bedeutende Fundplätze ...

Auf der Nordwestseite des Ghajn-Abdul-Plateaus liegen zwei Höhlen, die schon im Neolithikum vor 7.000 Jahren bewohnt waren, die **Ghar Abdul** und die **Ghar Ilma**. Nach den gefundenen Scherben vermutet man, dass jede von Ihnen einer Großfamilie Platz bot – damit handelt es sich um den wichtigsten bekannten prähistorischen Wohnort Gozos.

Man erreicht die Höhlen von Victoria kommend, wenn man am Ortsschild von San Lawrenz direkt nach dem Crafts Village links abzweigt. 100 m hinter dem Kempinski Resort bei einem Haus mit blauen Fenstern kann man parken. (Die Weiterfahrt empfiehlt sich mit normalem Auto nicht.) Zu Fuß geht es links weiter, etwa 400 m, dann gabelt sich der Feldweg.

Am Hang sieht man eine der beiden Höhlen, Ghar Ilma, schon deutlich. Direkt gegenüber der Weggabelung jenseits eines kleinen Feldes führt eine Art Rampe zur nächsthöheren Ebene der Felder, über diese und dann an den Feldrainen entlang kommt man unschwer zum Eingang der Halbhöhle.

Entlang des Hügels kann man zur anderen Höhle hinüberlaufen. Eine andere Möglichkeit wäre, bei dem erwähnten Haus die Straße, die hier noch geteert ist, rechts weiterzufahren. Eine ganze Zeit fährt man an dem Hügel mit den Höhlen entlang, man sieht aber wenig, weil eine höhere Mauer den Weg begleitet. Das ändert sich unvermutet an einer Art Parkfläche am Rande eines gigantischen Steinbruches, den man hier von oben einsehen kann – allein schon einen Besuch wert! Man kann die Technik des Kalksteinabbaues hier beobachten und verfolgen, wie der relativ weiche Globigerinenkalk mit Kreissägen herausgeschnitten wird.

An dieser Stelle befindet man sich schräg unterhalb der zweiten Wohnhöhle, Ghar Abdul, man erkennt am Hang einen großen Eingang mit einer Steinmauer. (Der Zugang erfolgt am Besten von noch etwas weiter rechts.)

Die Höhlen sind auf Grund ihrer Geschichte und ihrer Funde bedeutsam und liegen in unverbauter, herrlicher Lage – und sind allein deshalb einen Besuch wert.

Gozos bronzezeitliche Wohnhöhlen:
Blick auf das Plateau Ghajn Abdul mit den Höhlen Ghar Ilma und Ghar Abdul

Angeblich ist die südliche Höhe bis 1950 noch bewohnt worden (Bonanno 2002, S. 26). Der große Überhang wird durch einen natürlichen Pfeiler und zusätzlich durch eine Mauer in zwei Bereiche aufgeteilt. Den Zugang bildet eine Türe. Man kann noch erkennen, dass der Wohnbereich zweckmäßig unterteilt war.

... in gefährdeter Umgebung

Obwohl kaum ein Zweifel an der bereits bronzezeitlichen Besiedelung der Höhlen besteht, sei doch darauf hingewiesen dass die bronzezeitlichen Funde von Keramiken, die im Museum Victorias gezeigt werden, nicht im Inneren der Höhle gemacht wurden.

Sie wurde leider auch nicht in einer wissenschaftlich überwachten Grabung gefunden, genau genommen wurde in der südlichen Höhle überhaupt noch nicht gegraben, die nördliche weist einige Spuren von Raubgrabungen auf.

Die einzige wissenschaftliche Erforschung des gesamten Terrains bislang galt einem Siedlungsplatz nahe der Straße direkt am oben erwähnten Steinbruch und fand in den Jahren 1969-70 statt. Die Grabung musste eingestellt werden, weil der näher rückende Steinbruch gefährlich wurde.

Heute ist der Fundplatz sogar zur Gänze abgebaut!!!

Weg XVIII
Das Azure-Window
– Naturwunder in der Dwejra-Bucht –

Das spektakulärste Naturschauspiel Gozos bietet die Dwejra-Bucht im Westen.

Eine Naturbrücke...

Das *Azure-Window* an der nördlichen Seite ist ein riesiger Durchbruch am Ende einer Steilwand, eine Naturbrücke. Sie fehlt auf garantiert keinem Ansichtskartenständer Gozos.

Das Schauspiel ist im Winter besonders spektakulär, wenn die Wellen hoch im Inneren des Torbogens anbranden. Das umliegende Meer ist sehr tief und von tiefblauer Färbung, was den Namen Azure-Window erklärt (azure = himmelblau). Vor dem Azure Window liegen Blue Hole und The Chimney, zwei der beliebtesten Tauchplätze von Gozo. Die auffallende Felsenformation vor der Küste (auf der anderen Seite des Parkareals) heißt Fungus Rock, benannt nach einem speziellen Pilz, der dort vorkommt, früher schrieb man ihm Heilkräfte zu.

... und eine spektakuläre Höhle

Unter der Kapelle St. Anna (die im Jahr 1963 an der Stelle einer wesentlich älteren Kirche erbaut wurde) befindet sich eine Binnenlagune, ein grün schimmernder Salzwassersee, einem überdimensionalen Planschbecken nicht unähnlich. Entstanden ist die Formation vor Millionen von Jahren durch einen Felseinbruch, natürlich ist der Inlandsee ein Tauchparadies, entsprechend ist der Andrang.

Die flache Lagune ist über eine 80 Meter lange *Durchgangshöhle* in der Klippe mit dem Meer verbunden – und das ist wirklich eine interessante Situation. An ruhigen Tagen bringen kleine Fischerboote die Touristen durch diesen Tunnel zum Meer, wo dann auf einer kleinen Rundfahrt Fungus Rock und das Azure Window besichtigt werden. Ein wirklich hübsches und lohnendes Vergnügen!

Der Tunnel ist ziemlich schmal und wirklich nur für kleinere Boote passierbar, hat eine durchschnittliche Meerestiefe von immerhin 26 m! Die Navigation ist da nicht ganz so einfach, bei unserem Ausflug war das Meer ziemlich unruhig und an der Grenze des Wellenganges, bei dem die Tour durchgeführt wird – durchaus ein Unternehmen mit Nervenkitzel.

Nach Verlassen der Höhle fährt das Boot in *zwei Meereshöhlen* von jeweils etwa 30 m Länge kurz hinein

Azure Window und Dweira-Bucht
o. l.: Felsenfenster Azure Window
u. l.: Einfahrt in dis Durchgangshöhle

o. r.: Der Inlandssee
u. r.: Wackelige Durchquerung

Etwas nördlich davon soll es eine Unterwasserhöhle geben, die *Coral Cave* mit einer Länge von 38 m (Middleton Seite 88-91 und Oldham S. 22) und in der Nähe eine zweite *Unterwasserhöhle* mit 45 m Gesamtlänge.

Nach dem Abenteuer der Bootsfahrt lohnt es, etwas im Gelände herumzustreifen. Der Fels entlang der Küste ist überall von den erosiven Kräften zerfressen und bildet Miniaturlandschaften, in den natürlich entstehenden Salzpfannen kristallisiert das verdunstete Meerwasser aus – sehenswert!

Weg XIX
Höhlen und mehr ...
– Das Finale im Süden Gozos –

Zum Abschluss sollte man etwas Zeit dem Süden der kleinen Insel widmen, einige reizvolle Objekte könnten den Abschluss eines Gozobesuches bilden.

Die Bucht von Xlendi

Einen Stopp verdient in jedem Falle die Bucht von Xlendi im Süden mit dem gleichnamigen Ort, die malerische Lage lässt den Ort im Touristenansturm bisweilen fast schon ersticken.

Am nördlichen Rand der Bucht führt ein steiler Weg, mit Geländer gesichert, zur **Karolina-Höhle**, die Dominikanernonnen nahmen dort angeblich einst ihr Bad (Oldham 2002, S. 24). Oldham nennt sie Xlendi-Cave.

Der Reisende auf Malta ist für jedes Hinweisschild dankbar ...

Der Zugang ist durchaus lohnend weil er einen schönen (und fotogenen) Blick auf die Bucht von Xlendi bietet. Ein ganzes Stück steigt man zunächst den Hügel hinauf, und dann wieder auf Meeresniveau hinab, denn bei dem Objekt handelt es sich nur um eine (zugegeben malerische) Meereshöhle, die durch Auswaschung zur Durchgangshöhle geworden ist. Insgesamt 12 m misst der den Fels durchquerende Gang (vgl. Middleton Seite 76-79).

Bei Fontana

Auf dem Weg von Victoria nach Xlendi kommt man durch den Vorort Fontana, unter Einheimischen als *Triq tal-Ghajn* bekannt (der Weg zur Quelle). Es hat seinen Namen von einer wunderschönen Quelle am Ende der Straße nach Xlendi, die von den Einheimischen *il-Ghajn il-Kbira* genannt wird (die große Quelle, Fontana ist ja auch die italienische Bezeichnung für Quelle).

Menschen haben dieses Gebiet wegen der nützlichen Frischwasserquellen schon früh besiedelt. Im sechzehnten Jahrhundert errichtete man Gewölbe über den Quellen, direkt an der Straße ist ein schönes Beispiel erhalten.

Abschließende Impressionen:
oben: Farbenspiel in der Karolina-Höhle
Mitte: typisches Karsttal Wied Mgiarr ix-Xini
unten: Blick von Gozo nach Malta

Im Inneren findet man noch immer traditionelle Wannen aus Stein, in denen sich die Leute früher waschen konnten.

Wer es schließlich gar nicht lassen kann: Da passt es, dass die In-Disco der Insel (auf halbem Wege von Xlendi nach Victoria direkt an der Straße) *La Grotta* heißt und tatsächlich teilweise in einer Höhle liegt!

Im äußersten Süden

In der Nähe des südlichsten Punktes der Insel liegen noch zwei Objekte, deren Besuch wegen der landschaftlich reizvollen Lage allein schon lohnend ist.

Der Besuch gilt der Nordostseite des Wied Mgiarr ix-Xini.

Dahin gelangt man am Einfachsten über die Straße vom Fährhafen Mgarr nach Victoria. Beim Turm (Kreisverkehr, der auf der Straßenkarte nicht richtig, sondern nur als Einmündung eingezeichnet ist!) nimmt man die Zufahrtsstraße zum ausgeschilderten Hubschrauberlandeplatz, kurz danach am Ende der Straße biegt man rechts auf die Schotterstraße ab. Gleich an der nächsten Möglichkeit, einer schmalen Einmündung, geht es wieder nach links. (Die übernächste Einmündung nach weiteren 100 m ist eine spitzwinklige Abzweigung nach links, auch diese funktioniert, denn die Straße bildet hier ein Dreieck.)

Dann hält man sich rechts auf dem schmaler werdenden Weg, der rechts in die Schlucht hinabführt. Es wird recht steil und eng, parken kann man am Besten wieder nach einigen hundert Metern an einer betonierten Stelle, dem Dach eines Flachbaues neben einem kleinen Gebäude (zwar steht hier no entry, aber ...)

Schön ist hier der Blick, er geht geradeaus hinunter zum Meer, und rechts hinein in das lange Trockental Wied Mgiarr ix-Xini.

Rechts am Rand sieht man den Eingang zur *Ghar Ix-Xieh.* Der Zugang zu ihr ist am Besten von einer Stelle etwas höher an einem Felsband möglich.

Die Höhle wurde schon von den frühesten Einwohnern als Unterstand benutzt, eigentlich ist es nur eine große Halbhöhle mit einer kurzen Fortsetzung. Die Größe des Überhanges freilich ist durchaus eindrucksvoll, ca. 15m weit und gut 3 m hoch. Die Tiefe beträgt kaum mehr als ca. 7 m. An der rückwärtigen Wand sieht man ein Band aus fossilen Korallen, überlagert von einer Schicht härteren gelben Kalksteines. Dadurch begünstigt ist an einer Stelle ein etwa 8 m weiterführender Gang entstanden.

Gleich daneben liegt auch *Ghar El Habs*, nur etwa 15 m östlich. Dieses Objekt hat zwei Zugänge, die vermauert wurden, so dass die Höhle als Stall benutzt werden kann. Interessanterweise sind ein paar Tropfsteinansätze dort zu sehen, ansonsten ist auch dieses Objekt eher klein, maximal 20 m tief und 2 m hoch.

Nochmals gut 70 m östlich ist eine weitere *namenlose Höhle* die wie ein Eingang zu einem Labyrinth wirkt. Der Eingang ist etwa 4 m hoch und nur mehr 4 m vom Kamm des Felsrückens entfernt. Ein 6 m langer Gang endet blind, aber man kann linker Hand 3 m höher in einen Tunnel gelangen, den man etwa 25 m verfolgen kann.

Und wem die Kletterei zu dumm ist: Der Blick auf die Landschaft, die hier noch einmal alle Besonderheiten der Insel vereint, ist auch ein schönes Finale!

Hat man damit alle Höhlen Maltas gesehen??

Sicher nicht, da kann auch dieses Büchlein nur ein untauglicher Versuch bleiben. Aber mehr als bei allen anderen Touristen dürften es damit schon sein ...

Glück tief dem Unermüdlichen!

Anhang

Links – Adressen – Kartenmaterial – Literatur

Hinweis für den Benutzer:
Da die Angaben dieses Anhanges naturgemäß veralten, sei nochmals auf den Internetauftritt des Autors hingewiesen. Es finden sich dort Auszüge aus dem Buch, weiterführenden Informationen sowie eine stets aktualisierte Linkliste, die das Tippen der bisweilen umständlichen Seitenbezeichnungen spart!

www.tropfstein.de

Links

- **www.visitmalta.com**
  Beste, ausführlichste, mehrsprachige Seite zum Überblick mit Beschreibungen aller noch so kleinen Dörfer. Ziemlich genial ist dort insbesondere auch die interaktive Karte, man kann das Interessensgebiet einstellen, dann die entsprechenden Orte anzeigen lassen und Informationen dazu abrufen.

- **www.heritagemalta.org**
  Wie der Name schon sagt, spezialisiert auf das Kulturerbe Maltas, etwas arg textlastig, mit eigener Webseite zum Hypogäum und **Anmeldemöglichkeit für Besucher**, auch direkt unter: www.heritagemalta.org/maltashop.html

- **www.malta-online.de**
  Recht umfangreich, mit Suchmaschine, liefert viele Treffer ...

- **www.searchmalta.com**
  Englischsprachiges Portal, umfangreich, v.a. viele Links.

- **www.mapplanet.com**
  Verzeichnisseite von Orten auf der Welt, sortierbar natürlich nach Ländern und Buchstaben, verzeichnet für Malta eine erstaunliche Anzahl von Höhlen und gibt dazu in der Regel die Koordinaten an, weitere Informationen leider nicht.

Adressen

Die Kontaktdaten der einzelnen Besichtigungspunkte und Schauhöhlen wurden im Buch bei der jeweiligen Beschreibung angegeben. An dieser Stelle daher noch einige weiterführende allgemeine Hinweise.

(Leider sieht es mit höhlenkundlichen Tipps eher schlecht aus. Es gibt, soweit dem Autor bekannt, keinen Höhlenverein oder ähnliches auf Malta!)

Vertretung Maltas in Deutschland:

Botschaft Malta
Klingelhöferstrasse 7
10785 Berlin
Tel +49 30 263911-0
Fax +49 30 263911-23
Email: maltaembassy.berlin@gov.mt

Touristeninformationsbüros auf Malta:

Malta, Valetta:
1 City Arcades, City Gate, Valletta
Tel.: +356 21237747
Öffnungszeiten: Montag bis Samstag: 09:00 - 17:30
                    Sonn- und Feiertage: 09:00 - 13:00

Malta International Airport
Ankunftshalle
Tel.: +356 22915440-2
Öffnungszeiten: täglich (auch Feiertage): 10:00 - 21:00

Gozo, Victoria
Tigrija Palazz, Level 1
Republic Street,
Tel.: +356 21561419
Öffnungszeiten: Montag bis Samstag: 09:00 - 17:30
                    Sonn- und Feiertage: 09:00 - 13:00

Zentrale Kundenbetreuung
Email: info@visitmalta.com
Tel.: +356 22915444-5

Kartenmaterial

f&b Autokarte Malta - Gozo
Maßstab 1:30.000
Freytag & Berndt
ISBN 978-3-85084-248-8
Ausgabe 2008 gültig bis 12/2010
Dank der geringen Größe Maltas gibt es Straßenkarten im „ Wanderkartenmaß-stab", die empfohlene Karte ist für die Höhlensuche recht gut geeignet – eigentlich genügt sie für alle Anforderungen.

Literatur

Borg, J J. et al (1997)
The Bat Fauna of the Maltese Islands
In: Myotis Band 35 Seite 49-65, 1997
Ausführlichste Darstellung zum Thema Fledermausfauna – für den speziell Interessierten.

Bonanno, Anthony (2002)
An ilustrated guide to prehistoric Gozo
Reihe Gaulitana Nr 3, 2. Auflage, Rabat-Gozo, 2002, ISBN 99909-57-20-7
Informatives Büchlein mit etlichen Hinweisen, auch auf Höhlen, in guten Buchhandlungen in Valletta und auf Gozo im Souvenirladen auf der Burg in Victoria.

Bussmann, Michael (2007)
Malta
Michael Müller Verlag, Erlangen, 4. Auflage 2007, ISBN 978-3-89953-296-8
Guter Reiseführer, an Detailreichtum kaum mehr zu überbieten, gerade für den Individualreisenden sehr zu empfehlen.

Calandri, G. (1990)
Le Grotte Maltesi
In: Speleologia (23) Seite 79, 1990
Überblick zu verschiedenen Höhlen in einer höhlenkundlichen Zeitschrift.

Fabri, Nadja (2007)
Ghar Dalam – the Cave, the museum and he garden
insight heritage guides series 14, Heritage Books, 40 Seiten, Malta 2007, ISBN 978-99932-7-144-4

Sehr schönes, bebildertes Büchlein aus einer Reihe, natürlich an er Höhle zu kaufen aber auch in Buchläden in Malta, bestellbar bei sales@midseabooks.com

Goodwin, M I. (1996)
Dive Reports – Malta
Cave Diving Group [GB] N/L (120) July 1996: Anchor Bay Cave, Blue Hole Cave and Blue Grotto
Spezielle Quelle für Tauchsport-Interessierte.

Kircher, Anthanasius (1678)
Mundus Subterraneus
Amsterdam, Verlag Jansson, erste Auflage 1678, zwei Bände
Kircher war ein deutscher Jesuit und gleichzeitig bekannter Wissenschaftler, man kann sagen, weine Werke markieren den Übergang von der „Alchemie" des Mittelalters zur modernen Wissenschaft, daher heute noch bedeutendes Werk zu den Höhlen Maltas.

Kusch, Heinrich und Ingrid (2001)
Kulthöhlen in Europa: Götter, Geister und Dämonen
Steirische Verlagsgesellschaft, Graz, 2001, ISBN 3-2221-2841-3
Ein prachtvoller Bildband quer durch alle Epochen, interessant auch wegen der allgemeinen Einführung in das Thema Anthropospeläologie – für den, der sich zum Thema grundlegend und umfassend informieren will. Im Buchhandel vergriffen, aber im modernen Antiquariat oder im Internet bisweilen preiswert angeboten.

Kusch, Heinrich und Ingrid (2002) – CD-ROM
Kulthöhlen in Europa: Götter, Geister und Dämonen
Steirische Verlagsgesellschaft, Graz, 2002, ISBN 3-2221-2896-0
CD-ROM zum oben genannten Buch. Eine Zeitleiste mit selektiv ansteuerbaren Informationen, Filme und Animationen ergänzen das Printmedium auf faszinierende Weise. Das Hypogäum ist mit einer interaktiven Kamerafahrt vertreten! Für den Bezug gilt das beim Buch Gesagte!

Middleton, Ned. (1997)
Maltese Islands - Diving Guide
Swan Hill Press, 1997, 168 Seiten viele Abbildungen und Fotos
Ausführlichster Tauchführer, aufwendig gemacht.

Mitchell, Albert (1986)
Some Caves in Malta
In: Craven Pothole Club, Band 1, Februar 1986, Seite 8-9
Sehr kurzer Überblick.

Morana, Martin (1987)
Die prähistorische Höhle von Għar Dalam
24 pp illus.

Nicholas, Brother G. (1970)
The Caves of Malta
In: Speleo Digest, National Speleogical Society, Huntsville, USA,1970, Seite 185-187

Oldham, Tony (2002)
The Caves of Malta
29 Seiten, DinA4, Selbstverlag
Ausführlichstes Werk mit Hinweisen auf wirklich viele Objekte, einige Pläne und Übersichtskarten, zu bestellen direkt beim Autor Tony Oldham, 34 Park Road, Cwm Parc, Treorchy, CF42 6LE, UK für 5 € incl. Versand, bestellbar ebenso auch per Mail tonyfoldham@hotmail.com.

Pace, Anthony (2004)
The Hal Saflieni Hypogeum Paola
insight heritage guides series 3, Heritage Books, 48 Seiten, Malta, 2004, ISBN 99932-39-93-3
Schönes, reich bebildertes Büchlein aus einer Reihe, natürlich am Hypogäum zu kaufen, aber auch in Buchläden in Malta, bestellbar bei sales@midseabooks.com.

Rascho, Herbert (1993)
Malta - Insel mit vielen Höhlen in südlichen Mittelmeer
In: Höhlenkundliche Mitteilungen 49 (5) Seiten 57 - 60.

Sant, Mary; Wakely, Paul (2001)
Caves And Cart Ruts - Off the beaten track in Malta.
Alpaprint, 32 Seiten, Malta, 2001
Der Titel verspricht weit mehr als er halten kann, nach sehr allgemeinen Erläuterungen werden konkret nur zwei Stellen erläutert, und das nur oberflächlich.

Savona-Ventura, C.; Mifsudifsud, A. (2000)
Hasan's Cave - Geology, Folklore and Antiquities
44 Seiten, 14 Abbildungen, teils in Farbe.
Teueres kleines Büchlein, aber die einzige Monografie über diese Höhle.

Shaw, Trevor (1950)
Hassan´s cave, Malta
In: British Speleological Association, Cave Science, (13), Seite 191-192.

Shaw, Trevor (1951a)
Ghar Dalam, Malta
In: British Speleological Association, Cave Science, (15), Seite 304-308

Shaw, Trevor (1951b)
The Caves of Gozo
In: British Speleological Association, Cave Science, (16) Seite 339-347

Shaw, Trevor (1952)
The Caves of Malta
In: Bulletin, NSS (14), Seite 34-39

Tell, Leander (1996)
Höhlen auf der Insel Malta
Akten des UIS-Kongresses in Stuttgart, Band 2, Stuttgart 1969

Tetzlaff, Ingeborg (1986)
Malta und Gozo
DuMont Kunstreiseführer, DuMont Buchverlag Köln, 5. Auflage 1986, ISBN 3-7701-869-8
Guter Kunstreiseführer, in aktuellerer Fassung erhältlich, hier nur aus Gründen der Vollständigkeit angeführt.

Wöbcke, Birgit; Radke, Manfred (1996)
MALTA
Graphium press, Wuppertal 1996

Zammit Maempel, George (1989)
Ghar Dalam - Cave and Deposits
74 Seiten, 25 Schwarzweißabbildungen, Literaturhinweise.
Informatives Buch über die Höhle, Archäologie, Flora und Fauna.

Zammit Maempel, George (1989b)
Pioneers of Maltese Geology - A biographical study of T. A. B. Spratt, W. Reid, A. Leith Adams and J. H. Cooke.
302 Seiten, 88 Abbildungen, 1989
In diesem Spezialwerk sind viele Höhlen genannt.

... und ein letzter Hinweis ...

In gleicher Art und Aufmachung sind in dieser Reihe erschienen:

WEGE IM INNTAL

Ein anthropospeläologischer Exkursionsführer zu den Höhlen des unteren Inntales zwischen Rosenheim und Kufstein

Mai 2005, 172 Seiten
ISBN 3-8334-2811-2

Der Exkursionsführer beschreibt alle 63 derzeit bekannten Naturhöhlen sowie 15 Bergbaue des „bayerischen" Inntales. Sagen, historische Fakten und Begebenheiten rund um die Objekte ergänzen die Beschreibungen.

WEGE IN ISTRIEN

Ein Exkursionsführer zu den ungewöhnlichsten Höhlen und Karsterscheinungen Istriens und Kroatiens

April 2007, 128 Seiten
ISBN 978-3-8334-9200-6

Die Schauhöhle Jama Baredine und 30 andere Höhlen Istriens werden vorgestellt. Ein Überblick über ca. 40 weitere besuchenswerte Höhlen in ganz Kroatien - darunter alle Schauhöhlen - rundet das Werk ab.

Alle Bücher mit zahlreichen Fotos und Plänen. Wertvolle Reisebegleiter nicht nur für Höhlenspezialisten, sondern für alle landschafts- und landeskundlich Interessierten und für Reisende, die ungewöhnliche Ziele schätzen!